教師のための ChatGPT 超かんたん活用術

蔵満逸司 著

黎明書房

ChatGPT 関連画面

▲トップページ（6 頁参照）

▲プロンプト（質問）を入力する画面（19 頁参照）

本書の注意事項

◆本書は，2023 年 10 月時点の情報を掲載しています。

◆本書で紹介している，サービス，アプリの概要，使用方法等は予告なしに変更されたり，販売・開発が中止されたりすることもあります。

◆OS のバージョンや設定，機種によっては本書で紹介している動作や画面と異なることがあります。

◆本書で紹介しているすべてのブランド名，アプリ名，会社名，製品名等は，個々の所有者の登録商標，もしくは商標です。

◆本書の情報によって生じる，直接的または間接的な被害について，著者ならびに弊社では責任を負いかねます。

ChatGPT について

◆ChatGPT は毎回異なる回答をします。本書の回答はあくまでも一例である旨ご了承ください。

以上，ご理解のうえ本書をお楽しみください。

はじめに

私にとって，ChatGPT は親切なコンシェルジュです。知りたいことを伝えると，「ＮＯ」とは言わず，ていねいにわかりやすく回答します。もう少し詳しく知りたい，関連する他のことについても知りたいとしつこくお願いしても，拒まず冷静に寄り添ってくれます。しかも２４時間いつでも対応してくれる心強い味方です。

ChatGPT は，教師の仕事もサポートします。「クロールで息継ぎが苦手な小学生にはどのような指導をしたらいいか，いくつか教えてください」と伝えると，瞬時に複数のアイディアを回答します。学級づくり，生徒指導，職員研修，学級事務などいろいろな場面で助けてくれます。

とりあえず思いつきの言葉で知りたいことを伝えてみればいいのです。回答が満足できないときは，伝え方を少し工夫してみると求めているものに近づきます。曖昧な言葉で伝えることも無駄ではありません。回答にはっとするヒントを見つけることもよくあることです。

「ChatGPT は役立ちそうだけれど，間違った情報だったらどうしよう」「子どもたちに安心して使わせることができるのだろうか」「子どもたちの成長にプラスになるのだろうか」と使用を躊躇する気持ちもよくわかります。試行錯誤を繰り返して最善の活用方法を見つけてみてはどうでしょうか。

本書は，ChatGPT の基本情報と実践案をまとめた入門書です。試しながら，自分なりの使い方を開発して授業や教師生活をより充実させることを願っています。今後教育現場で活用されるに違いない ChatGPT ですが，ChatGPT 自体が黎明期であり，教育現場での活用は今スタートしたばかりです。実践に当たっては，文部科学省の「初等中等教育段階における生成 AI の利用に関する暫定的なガイドライン」最新版を読み，管理職や同僚と相談しながら慎重に進めることをおすすめします。

本書の執筆に当たり，琉球大学の岡本牧子教授，沖縄県の山川米子先生，安里三矢子先生，名嘉信祐先生，筑波大学の藏滿司夢助教，鹿児島県の蔵満結花先生に大変お世話になりました。本書の企画は黎明書房の武馬久仁裕社長によるものです。編集担当の伊藤大真様には大変お世話になりました。皆様に心から感謝します。

蔵満逸司

目次

第４章　ChatGPT 生徒活用編 ―― 57

第1章

ChatGPTと教育

01 ChatGPTとは

ChatGPTを一言で言うと

ユーザーの求める情報を，大量のデータのなかから抽出・整理してテキストや自然な会話文で提供する高度な人工知能です。

ChatGPTの歴史

2015年に設立されたOpenAIが，2018年に大量の書籍やウェブページなどのテキストデータを学習し，高度なテキスト生成が可能になる人工知能モデルGPT-1を発表しました。2020年に発表されたGPT-3では，人間が書いたようなテキストを生成できるようになりました。

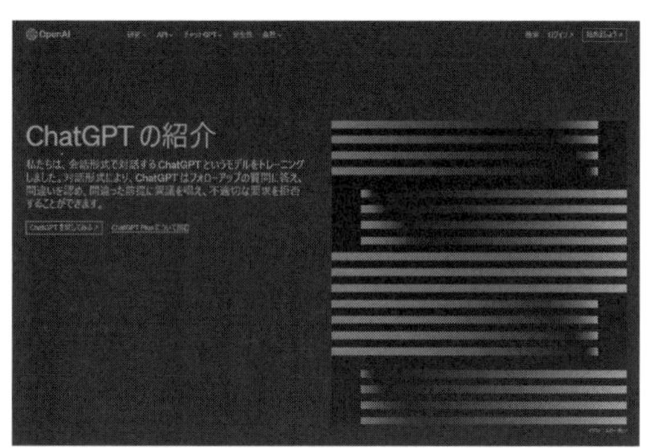

▲Web版のトップページ

テキスト生成AI「GTP-3.5」を活用したチャット形式のWebサービスがChatGPTで，2022年11月30日に公開されました。ChatGPTのユーザーは，公開後5日間で100万人，2ヵ月間で1億人を突破しました。2023年3月には，より高度な機能を持つテキスト生成AI「GTP-4」をリリースしました。

2023年9月25日にOpenAIが発表した「GPT-4V」では，有料版限定で画像認識能力と音声会話能力（アプリのみ）が追加されました。

ChatGPTをもう少し詳しく言うと

ChatGPTは2015年に設立されたアメリカの企業OpenAIによって開発された人工知能です。OpenAIは，人類全体の利益を最優先に置きながら，強力な人工汎用知能（AGI）を安全に開発する2015年に設立された非営利団体です。

AIは"Artificial Intelligence"の略で人工知能のことです。人工知能とは，コンピューターが人間の知的活動を学習して実行する技術で，現在のChatGPTには，対話型AIと呼ばれる，人間と言語でコミュニケーションをとれる自然言語処理技術が使われています。

自然言語は，英語や日本語など，人間が自然に話す言語のことです。自然言語処理は，自然言語をコンピュータが理解，解析，生成するための技術のことです。具体的には，文法的な構造を解析する，文章やフレーズの意味を解析する，人間が理解できる形式の新しいテキストを生成する，テキストから感情や意見を抽出する，機械翻訳などの技術のことです。

GPT は，"Generative Pre-trained Transformer"「ジェネラティブ プリトレインドトランスフォーマー」の略で，「事前学習したものから文章を生成して対話するもの」という意味になります。2021 年 9 月までの大量の情報から，ユーザーがプロンプト（質問に当たります）と呼ばれる言語で示した求める情報に対して，合う情報を抽出・整理し，その結果をテキストや人間が話しているような自然な会話文形式の文章，音声で迅速に回答します。また，人間が新たに提示した文章を要約したり，箇条書きにしたりすることも可能です。

検索エンジンとの違い

Google や Yahoo! などの検索エンジンも ChatGPT も，必要な情報を探す時に使うものですが，異なる点が多々あります。

検索エンジンは，ユーザーの入力した内容に対して，関連性の高いウェブページのリストをリンク付きで表示します。ユーザーは表示されたリンクからウェブページを開くことで求める情報を探します。一方，ChatGPT は，ユーザーの入力した内容に対して，直接回答します。また，もう少し詳しく聞きたいときや，質問を修正したいときなどは，「続けて」「～はどういう意味ですか」と会話の様に聞くことができ，1 つのテーマでの対話が 1 つのまとまりとして保存されます。

沖縄県の安里三矢子先生は，ChatGPT の魅力について，「私が最も助かるのは，複数のことを思考しているとき，そのことをタブにそのまま履歴として残しておけることです。多忙な中でも自分の思考の途中からトピック毎に情報を収集でき，それを My 辞書的においておけるので，非常に助かります。」と語っています。

検索エンジンからリンクをクリックして開くウェブページには，テキストだけではなく写真，図表，音楽，動画などの情報も含まれますが，ChatGPT は表を作成することは可能ですが原則はテキストのみという点も大きな違いです。

有料版と無料版があります

無料版の ChatGPT では，GPT-3.5 を利用できます。2023 年 5 月にリリースされた有料版の ChatGPTPlus は月額 20 ドルで，GPT-3.5 と GPT-4 を選択して利

用できますが，GPT-4 利用には３時間につき 50 メッセージの制限があります。※2023 年 10 月現在

有料版が無料版より優れているのは，回答の正確さ，応答速度の速さ，新機能や改善された機能の優先的利用，プラグイン（p.10 参照）が使用できるなどです。頻繁に ChatGPT を利用したい，最新機能を活用したいという場合は有料版がおすすめです。

本書執筆中に，有料版では，画像を添付することができる新機能が追加されました。写真を添付すると写っているものを分析したり，写真自体や写っている作品に名前をつけたりします。

試しに，自作の陶芸作品の写真を添付して，「この陶芸作品に名前をつけたいと思います。５つ案を出してください。」と伝えると，「もちろん，以下は提案する名前のリストです :1 月下の瞑想鳥　2 古代の風の伝説　3 謎の鳥の舞　4 夢見る羽音　5 羽根の詩　これらの名前は，陶芸作品のデザインと雰囲気に基づいて考えられたものです。お気に入りのものが見つかることを願っています。」と回答しました。

統計表を添付すると，データの傾向や特徴について分析し回答します。手書きの文も画像化入力するとテキストにしてくれます。

アプリ限定ですが，有料版に音声読み上げによる音声会話能力も追加されました。アプリ版の右上にある横三点〔…〕をクリックし「Settings」を開き，「New Features」を選びます。「Voice conversations」を有効にすると音声会話能力が使えるようになります。右上のヘッドフォンアイコンをクリックすると音声会話が始まります。日本語でも会話が可能です。

本書では無料版と有料版を併用しています。有料版を使っている場合は，【有料版】と明記していますが，無料版でも多くの場合は同様の結果が得られるので，まずは無料版でお試しください。

ChatGPT には得意なことと苦手なことがあります

得意なこと

1　ユーザーの求める情報を，2021 年９月までの情報から抽出・整理して自然な会話文で提供すること

※ 2023 年 11 月６日に発表された「GPT-4 ターボ」では，2023 年４月ま

での情報が反映されます。

2　ユーザーのプロンプトに応じて，人間が書いたような整った文章で提供すること。

3　翻訳すること

4　対話をすること

5　文章を要約すること

6　プログラミングを作成すること

苦手なこと

1　間違いのない情報を提供すること

2　最新の情報を反映すること

3　テキスト以外のメディアである音楽，動画を使うこと

ChatGPT は，感情を理解することや倫理観・道徳を踏まえた判断をすることは苦手だと言われています

ChatGPT は，あくまでも人工知能です。感情を持つわけではありませんし，倫理観・道徳を踏まえて独自の判断をするわけではありません。ChatGPT に聞くと「感情的なサポートや倫理的な判断に関しては，専門家や信頼できる人物と相談することをおすすめします。」と回答します。

しかし，人間の感情や倫理観・道徳に関わる質問に回答しないわけではありません。「ともだちをいじめることは悪いことですか」と聞くと，「はい，友達をいじめることは悪いことです。以下に，いじめることが悪いとされる理由をいくつか挙げます。」として，具体的に6つの理由を示し，「上記の理由から，友達をいじめることは絶対に避けるべき行為です。」と回答を締めくくりました。

ChatGPT は人間の感情や倫理観・道徳に関する問いかけを無視したり拒否したりするわけではありません。学習した一般的な人間の感情や倫理観・道徳をもとに回答するので参考になります。

「ChatGPT の回答に間違いがあるのは大前提」で活用しましょう

ChatGPT はよく間違います。機能が高いとされる GPT-4〔有料版〕での例です。

「顕微鏡の対物レンズと接眼レンズはどちらを先につけますか」に「対物レンズ」と間違った回答をしました。「両方のレンズは顕微鏡の構造に組み込まれており，特定の順番で取り付ける必要は通常ありません。」と回答することもあります。「琉球列島で一

番高い山は」に奄美大島の湯湾岳（約 694 m）ではなく沖縄本島の「於茂登岳（おもとだけ）」（約 525m）と間違った回答をしました。

間違いだと思ったときは，間違っていることを指摘すると，「申し訳ございません，おっしゃる通りです。ご指摘いただきありがとうございます。」「ご指摘の通り，通常は接眼レンズを先に取り付け，次に対物レンズを取り付けるのが一般的です。」として正しい情報に修正しました。しかし，時には間違いを繰り返し回答することもあるので油断はできません。

「ChatGPT の回答には間違いがあるのは大前提」で読み，疑問に思ったことは，ChatGPT に問い返したり，書籍や新聞，信頼できる Web サイトなどで確認したりすることが大切です。子どもたちに，いろいろな機会をとらえて ChatGPT の回答を鵜呑みにしないよう繰り返し指導することが必要です。

ヘビーユーザーとしてイメージする ChatGPT は，無茶なプロンプトに対しても，どうにか回答しようと頑張るけなげな姿です。時にはほぼ情報を持たないことについても無理矢理回答してくれます。感謝した上で，回答をどう判断するかが私たち人間の腕の見せ所なのではないでしょうか。

ChatGPT 有料版では便利なプラグインが使えます

ChatGPT プラグインは，有料会員限定のサービスです。ChatGPT にインストールすることで，新しい機能が追加できる便利なもので数百の種類があります。プロンプトに合わせて絵付きの物語を作成する「Stories」（StoryBirdhttps://storybird.ai/create-story で利用可能），簡単なグラフをテキストデータから作成する「daigr.am」，URL を貼り付けるとそのウェブページの内容をまとめて説明してくれる「WebPilot」などがあります。今後も次々に公開されると思われます。有料会員になったら活用したいサービスです。

ChatGPTと教育

ChatGPT は教育界にも期待と不安を生んでいます

2022 年 11 月 30 日に公開された ChatGPT は，教育界でも大きな反響を生み，多くの教師や研究者が活用方法を検討し，実践に生かし始めています。教育での活用では，教師の利用と子ども（主に中学生）の利用が考えられ，それぞれに期待されていることと不安視されていることがあります。

文部科学省は，「初等中等教育段階における生成 AI の利用に関する暫定的なガイドライン」を令和５年７月４日に公表し，生成 AI の多大な利便性と個人情報の流出，著作権侵害のリスクなど様々な懸念を踏まえた上で，「現時点では活用が有効な場面を検証しつつ，限定的な利用から始めることが適切」としています。

教師の利用で期待されていること

①仕事の質の向上

教師は，これまでも，パソコンやインターネットを有効に活用し，授業改善や生徒指導の充実など，教育活動に役立てようと試みてきました。ChatGPT についても，この試みを一層発展させるものと期待する声は大きいようです。

②働き方改革の一つとしての仕事の効率化

幅広い情報から必要な情報を選んだり，文書作成を行ったりすることができる ChatGPT の活用は，仕事の効率化につながるものとしても期待されています。

教師の利用で不安視されていることと対策

① ChatGPT の情報を鵜呑みにすること

ChatGPT の苦手とする点を十分理解していないと，不十分な情報や誤った情報を鵜呑みにすることで，生徒に適さない教育実践を行ったり，より効果の期待できる指導を行わなかったりという望ましくない教育につながることも心配されます。

①に対する対策

ChatGPT の得意なことと苦手なことを十分理解して利用することが大切です。

ChatGPT を１つの参考資料として考え，最新情報や事実確認を人や書籍や信頼できるウェブサイトなど他の情報源で確認することが大切です。

② ChatGPT の使い方に慣れず価値のないものと判断すること

ChatGPT の使い方にはコツがあります。このコツに慣れないと，必要とする情報が提供されないため，結果として ChatGPT の長所に気がつかないまま敬遠してしまうことが考えられます。

②に対する対策

ChatGPT の得意なことと苦手なことを十分理解することが大切です。また，プロンプト（質問）作成のコツを学び試行錯誤することで，機能を十分引き出し活用できる技術を身につけることができます。

授業における生徒の利用で期待されていること

①学習意欲の向上

検索エンジンで調べることと大きく異なるのは，プロンプトに応じて，情報を整理して回答してくれるところです。調べる時間の効率化という意味でも画期的な違いがあります。何かを調べるときの頼れる味方にできれば，学習が楽しくなり，意欲的に学ぶきっかけになることが期待できます。

②学びのガイド

何かを学びたいときに，学ぼうとしているものを明確にしたり，学ぶ手順を示してくれたりするガイドの役割を期待できます。

③個別学習のアドバイザー

調べ学習や課題解決学習で，調べ方や課題の明確化を相談する相手として期待できます。また辞書や事典の一つとして，必要な情報を提供してくれることが期待できます。

④外国語学習の充実

翻訳機能を使って，例えば英語と日本語の相互翻訳が容易にできます。また，英語での会話練習も可能です。英英辞典，英和辞典，和英辞典の役割も果たします。古語や方言にもある程度変換が可能です。

⑤デジタルリテラシーの向上

デジタルリテラシーは，コンピューターで扱う情報について適切に理解し活用する力のことです。具体的には，次の４点があげられます。

1　**技術的なスキル**：スマートフォン・タブレットやパソコン，アプリ，インターネットなどを使用するスキル。
2　**情報リテラシー**：情報の探し方。情報を正しく評価し，自分に必要かどうかを判断し，問題の整理や解決，意思決定に使用するスキル。
3　**メディアリテラシー**：デジタルメディアが伝えるテキスト，画像，音声，動画などの背景にある意味や配信の目的を批判的に分析し理解するスキル。
4　**コミュニケーションリテラシー**：Ｅメールやソーシャルメディアを通じて情報を他者に適切に伝え，他者とのコミュニケーションを良好に成立させるスキル。

⑥批判的思考力（クリティカルシンキング）の育成

批判的思考力は，情報を多方面から分析し，自己の判断に基づく結論を出す能力です。

ChatGPT は，多様な情報源から多くの異なる視点と情報を生徒に提供します。生徒は，ChatGPT との対話で，多くの異なる視点と情報に出会い，自分の考えを見直したり補ったりすることで考えをまとめていきます。この過程で，批判的思考力が育成されることが期待できます。

⑦協同学習の充実

ChatGPT の活用は，協同学習を充実させるために役立ちます。

ChatGPT は，生徒が課題を整理するときに，課題に関する情報や資料を効率的に提供します。

協同学習の進め方や話し合いの方法についても情報を提供します。

課題解決の過程で，新しいアイディアを提供したり，資料のまとめ方をサポートしたり，まとめた文章を校正・校閲する作業も得意です。

授業における生徒の利用で不安視されていることと対策

①情報の不確かさ

辞書や書籍，信頼できるウェブサイトに比べると，文章の内容に誤りが含まれている可能性があります。実際に利用するとわかりますが，存在しない小説の書名を，あらすじ付きで回答するような単純な誤りも多々あります。

①に対する対策

ChatGPT の弱点を理解する指導を行った上で，大切なことは信頼できる情報で確認する習慣を育てます。信頼度の高い情報源としては，公刊されている書籍や新聞，国の機関や地方自治体・図書館・新聞社などのウェブサイト，インタビューした人の証言などがあります。しかし，これらの情報にしても間違っていたり，求めている情報と異なっていたりすることがあるので，大切なことは複数の情報源で確認する，教師や友だちに見てもらうなどの指導も大切です。

②必要な情報と提供された情報のずれ

ウェブ検索同様，生徒の必要とする情報と ChatGPT の提供する情報にずれが生じ，結果として発表や報告書があいまいなものになることがあります。

②に対する対策

必要とする情報を的確に表現するプロンプト作成と回答の確認を指導します。

③著作権の無自覚的な侵害

ChatGPT の文章が，誰かが著作権を有する論文や記事などからの引用であっても明示されないため，違法な引用をする危険性があります。引用元を特定できないため，引用文献として明示することも困難です。

③への対策

著作権についての教育を行うことはもちろんですが，一般へ公開する作文や自由研究の文はもちろん，学級や校内で発表する文にも ChatGPT の回答をそのまま使うことは控えるよう指導します。あくまでも ChatGPT の回答は参考として扱い，自分なりの考えをまとめていくよう指導します。ただし，グループや学級内で，「ChatGPT が源氏物語の特徴を２００文字でまとめるとこうなりました。」と，引用元を明示して ChatGPT の回答を紹介することは問題ありません。

④学力低下

これまで生徒が行っていた思考・判断・表現を ChatGPT に代行させることで，生徒自身の思考力，判断力，表現力が育たないのではないかという心配があります。

④への対策

思考力，判断力，表現力を育成する授業の充実，文章作成で終わらない指導，

ChatGPT 以外の資料・文献（書籍・新聞等）を使用または併用する授業の充実などが考えられます。

⑤文章作成主体の曖昧さによる評価への不安

宿題や論文などの文章に ChatGPT の作成した文章を使うことで，文章作成の主体が曖昧なものになり，執筆者の適正な評価が行えなくなる恐れがあります。

⑤への対策

生徒へ ChatGPT 利用に関する条件（ChatGPT の情報は他の信頼できる情報で確認すること，ChatGPT の回答は参考として扱い自分なりの考えをまとめること）を明示します。提出された文章だけではなく，面談や試験などで評価することも大切です。

⑥個人情報の流出への不安

ChatGPT に入力した個人情報が流出する心配があります。

⑥への対策

ChatGPT に名前や住所などの個人情報を入力しない指導を行います。

資料

文科省のガイドラインに示された，
適切でないと考えられる例と活用が考えられる例

※あくまでも例示であり，個別具体に照らして判断する必要がある

1．適切でないと考えられる例

① 生成 AI 自体の性質やメリット・デメリットに関する学習を十分に行っていないなど，情報モラルを含む情報活用能力が十分育成されていない段階において，自由に使わせること

② 各種コンクールの作品やレポート・小論文などについて，生成 AI による生成物をそのまま自己の成果物として応募・提出すること（コンクールへの応募を推奨する場合は応募要項等を踏まえた十分な指導が必要）

③ 詩や俳句の創作，音楽・美術等の表現・鑑賞など子供の感性や独創性を発揮させたい場面，初発の感想を求める場面などで最初から安易に使わせること

④ テーマに基づき調べる場面などで，教科書等の質の担保された教材を用いる前

に安易に使わせること

⑤　教師が正確な知識に基づきコメント・評価すべき場面で，教師の代わりに安易に生成 AI から生徒に対し回答させること

⑥　定期考査や小テストなどで子供達に使わせること（学習の進捗や成果を把握・評価するという目的に合致しない。CBT（コンピュータを利用する試験ー著者）で行う場合も，フィルタリング等により，生成 AI が使用しうる状態とならないよう十分注意すべき）

⑦　児童生徒の学習評価を，教師が AI からの出力のみをもって行うこと

⑧　教師が専門性を発揮し，人間的な触れ合いの中で行うべき教育指導を実施せずに，安易に生成 AI に相談させること

２．活用が考えられる例

①　情報モラル教育の一環として，教師が生成 AI が生成する誤りを含む回答を教材として使用し，その性質や限界等を生徒に気付かせること

②　生成 AI をめぐる社会的論議について生徒自身が主体的に考え，議論する過程で，その素材として活用させること

③　グループの考えをまとめたり，アイデアを出す活動の途中段階で，生徒同士で一定の議論やまとめをした上で，足りない視点を見つけ議論を深める目的で活用させること

④　英会話の相手として活用したり，より自然な英語表現への改善や一人一人の興味関心に応じた単語リストや例文リストの作成に活用させること，外国人児童生徒等の日本語学習のために活用させること

⑤　生成 AI の活用方法を学ぶ目的で，自ら作った文章を生成 AI に修正させたものを「たたき台」として，自分なりに何度も推敲して，より良い文章として修正した過程・結果をワープロソフトの校閲機能を使って提出させること

⑥　発展的な学習として，生成 AI を用いた高度なプログラミングを行わせること

⑦　生成 AI を活用した問題発見・課題解決能力を積極的に評価する観点からパフォーマンステストを行うこと

（「初等中等教育段階における生成 AI の利用に関する暫定的なガイドライン」令和５年７月４日公表，文部科学省，５ページより）

第2章

ChatGPTの基本的な使い方

使用環境とデバイス

ChatGPT はパソコンやスマホ，タブレットで使用できます。インターネット環境があれば，ダウンロード・インストール不要で利用できる Web サービスの利用が可能です。スマホやタブレットではアプリをダウンロードして使うこともできます。

登録方法と必要な情報

「ChatGPT」または「OpenAI」と検索し，「Introducing ChatGPT」と表示されている公式サイトにアクセスします。そして左下の「Try ChatGPT」をクリックし，サインアップ画面を出し，「Signup」をクリックします。

Create your account

Note that phone verification may be required for signup. Your number will only be used to verify your identity for security purposes.

Email address

Continue

Verify your email address

To continue setting up your OpenAI account, please verify that this is your email address.

Verify email address

登録するメールアドレスを入力し，パスワードを設定します。後は指示通りに登録します。登録したメールアドレスにメールが届くので，「Verify email address」をクリックします。

名前と電話番号を登録すると認証コードがショートメールで送られてくるので，それを入力すると完了です。

登録には，ショートメッセージを受信できる電話番号とメールアドレス，または，Google アカウント，Microsoft アカウント，Apple アカウントのどれかが必要です。

有料契約をする場合はクレジットカードが必要になります。

利用規約に，ChatGPT の利用は１３歳以上で，18 歳未満は保護者の同意が必要と記載されているので，通常は保護者の同意を得た上で中学生以上が利用可能ということになります。

ChatGPT を始める

ログインしてチャットＧＰＴをクリックします。登録後は，同じデバイスの場合，ChatGPT をブックマークに登録しておくとすぐに使えます。検索ページから ChatGPT を開いても同様です。

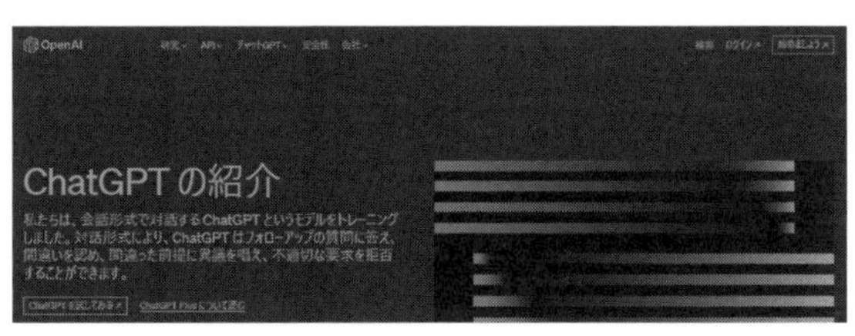

これは有料会員の画面です。GTP-3.5 と GTP-4 が選択できるようになっています。

GTP-4 のチャットには使用できる回数の制限があります。

「Send a message（メッセージを送信）」の場所にプロンプトを入力，右の紙飛行機のマークをクリックします。一度の回答で十分な場合は，これで終わりです。もし，もっと詳しく知りたいとか，回答の文中にある言葉の意味がわからない時などは対話を続けます。

プロンプト（質問）とは

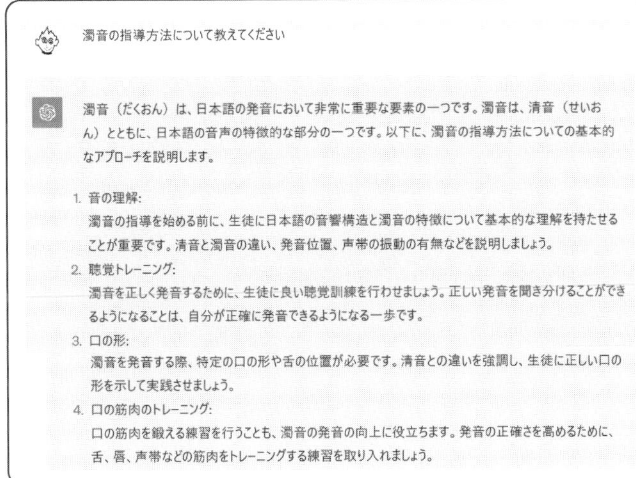

人工知能に対して，ユーザーが求めている情報を伝える文をプロンプトといいます。左図の「濁音の指導方法について教えてください」がプロンプトです。ChatGPT に求めている情報を回答してもらうためには，プロンプトが大切になります。プロンプト作成にはコツがあります。以下の「基本のプロンプト」を参考にしてください。

基本のプロンプト

【～について教えてください】

- **朝顔の追肥の方法について教えてください。**
- **夏の季語について教えてください。**
- **スイカが登場する絵本について教えてください。**

※「スイカが登場する絵本」というプロンプトだと，「スイカが主役の絵本，素敵なアイディアですね。以下にそのためのストーリー案を提案します。」として「スイカの大冒険」というタイトルの絵本のストーリーが提案されました。伝え

たいことを誤解されないプロンプトにすることが大切です。

【～を～してください】

・次の文を英語に訳してください。

・下記の文を読みやすく修正してください。

・この文章を箇条書きにしてください。

・この文章を要約してください。

・次の文を校正・校閲してください。

条件を付けたプロンプトで回答をより具体的にします

【対象を限定する】

・小学１年生にわかるように，ダンゴムシの説明をしてください。

・小学５年生に紹介する俳句を１０教えてください。

・中学生におすすめの友情がテーマの文学作品を教えてください。

【回答する立場を限定する】

・方言の専門家として教えてください。

・野菜研究家として教えてください。

・歴史家の立場で教えてください。

【回答に満足できないときは追加の質問をする】

・「赤毛のアン」（L. M. モンゴメリ）について詳しく教えてください。

・説明にあった，桜島大根の説明をしてください。

※「続けて」「もうないですか」「あと５例教えてください」のように聞くと他の例を紹介してくれます。

【違う視点からの回答を求める】

・～という考え方について，予想される反論や批判がありますか。

・少数意見として考えられるものを教えてください。

・より斬新なアイディアを教えてください。

【数字で回答の形式を指示する】

・２００字程度で教えてください。

※文字数指定にある程度対応して回答しますが，回答後に「今の文字数を教えてください」と聞くと文字数を確認できます。

・それぞれ５点具体的に教えてください。

【表現形式を具体的に指示する】

・箇条書きで教えてください。

・結論だけ教えてください。

・重要なものから順に番号を付けて書いてください。

・たとえを使って説明してください。

・丁寧な文章で書いてください。

・常体で書いてください。

・敬体で書いてください。

・なるべく短文でまとめてください。

・公文として使う文体で書いてください。

・小学五年生までの漢字で書いてください。

※この「○年生で学習する漢字」「○年生までに学習した漢字」という条件は苦手なようなので，実際の回答を自分でチェックする必要があります。

・絵文字も入れて書いてください。

・くだけた口調の口語体にして下さい。

・メリットと，デメリットを書いてください。

・長所と短所を書いてください。

・「○○○」という言葉を使って書いてください。

・「△△△」という言葉は絶対に使わずに書いてください。

・表で表してください。

【例を示して回答を求める】

・例えば～のような考え方がありますが，他の考え方を教えてください。

ChatGPTに機械学習をさせたくない場合

プライバシー，情報保護のためにChatGPTに機械学習をさせないことができます。

① ログイン後，画面左下にあるユーザー名横の「・・・」をクリックします。

② 「Settings」をクリックします。

③ 「Data controls」をクリックします。

④ 「Chat History & Training」右のボタンをクリックしオフにします。

ただしこの操作を行うと，チャット履歴が表示されなくなります。

プロンプトについてのその他の情報

敬語を使う，褒める，リアクションをすると回答の精度が上がるという説があります。

ChatGPTが，間違っているときや，あなたの指示を守っていないときは，遠慮なく指摘します。通常は修正した回答が返ってきますが，Web検索など他の方法を紹介することもあります。

第3章

ChatGPT 教師活用編

第3章 01 教材についての情報を収集します

ChatGPTに期待できること

体育で身につけさせたい技について，物語文の著者について，算数の用語について，歴史的事件の概要について，食材の栄養素について……。たいていの教材についてChatGPTに聞くと，基本的な情報を整理して回答します。

国語教材「スイミー」について聞いてみました

「教科書教材のスイミーについて教えてください」と聞くと，ChatGPTは作品の概要を回答しました。

「スイミー」は、フランスの絵本作家レオ・レオニ（Leo Lionni）によって書かれた絵本です。この絵本は、日本でも教育現場で幅広く使用されており、特に小さな子供たち向けの教科書や教材に取り入れられています。以下に「スイミー」についての基本情報を提供します。

1. 作品の概要:
   「スイミー」は、1963年に発表された絵本で、作者のレオ・レオニによって執筆されました。物語は、スイミーという小さな黒い魚を中心に展開されます。彼は孤独で一匹だけの黒い魚であり、他の魚たちは彼を受け入れて遊んでくれません。しかし、スイミーは創造力を発揮し、新しい友情を築く方法を見つけ出します。

「スイミー」の発問について聞いてみました

ChatGPTは発問をリストにして回答しました。その一部です。

1. スイミーはどんな魚ですか？彼の特徴は何ですか？
2. スイミーの仲間は何が問題なのですか？なぜ彼らが困っているのか知りたいですか？
3. スイミーはどうやって仲間を助けることを思いつきましたか？
4. スイミーが見つけた新しいアイデアは何ですか？それはどのように彼らを助けましたか？
5. 仲間がスイミーの提案にどのように反応しましたか？どうしてですか？
6. スイミーの冒険にはどのような危険があったと思いますか？彼らはどうやってそれを乗り越えましたか？
7. スイミーが海の中でどんな友達を作りましたか？なぜ彼らが役立ったのか考えてみましょう。
8. スイミーの物語から、チームワークの重要性を学びましたか？どの場面でそれが示されていましたか？
9. スイミーの冒険から、新しいアイデアや違う方法を考えることの大切さを教えてくれましたか？
10. あなたがスイミーの友達だったら、彼らと一緒にどのように冒険したいと思いますか？

まず１０の発問を回答しました。

「続けて」と聞くと，別の１０の発問を回答しました。「もうありません」とは答えないので，さらに「続けて」と追加するとまた１０の発問を回答しました。

回答された 10 の発問に対して「続けて」と繰り返していくと,「スイミーの物語からどのような教訓を得ることができますか?」「スイミーの物語を通して,あなたが得た最も重要な教訓は何ですか?」のように,表現は違うけれどほとんど同じ内容の発問が含まれるようになりました。

参考になる発問が少なくなったので「続けて」を終わりました。

示された発問のなかには,授業でそのまま,または修正して使えるものが多くあります。授業づくりの参考にする価値があります。

「スイミー」の著者が書いた作品について聞きました

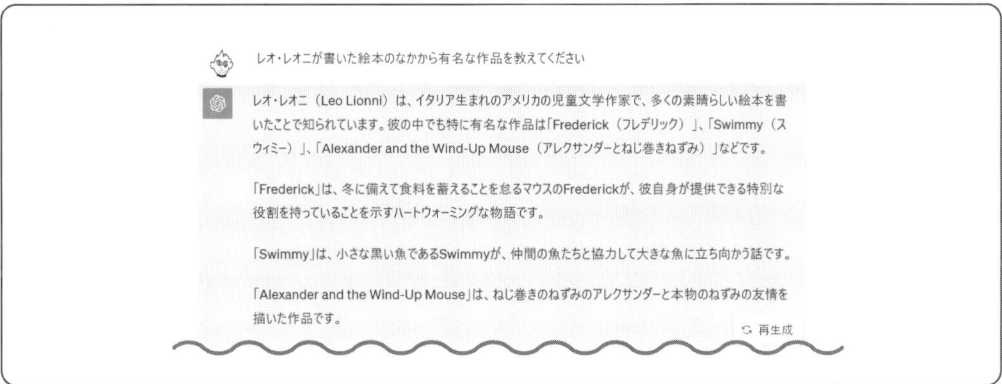

レオ・レオニの作品をあらすじ付きで紹介します。リストの本が図書室にあるかどうか確認して,子どもたちに紹介すると読書意欲も高まります。

教材の情報収集で使えるプロンプト例

「縄文時代の学習で用意するといい教具は何ですか」

「元素記号の覚え方を教えてください」

「鍵盤ハーモニカの入門期の練習曲を教えてください」

「マット運動のいろいろな技を表にして整理してください」

教材文を作成します

ChatGPT に期待できること

短時間に，効率よく，目的に合った教材文を作成します。全体指導用だけではなく，個人差に応じた個人や少人数用の教材も作成します。

ラムサール条約についての説明文を作成しました

「ラムサール条約について説明文を作成してください。小学6年用の教材です。500字程度で作成してください」と頼みました。

ラムサール条約：湿地の保護と大切さ

こんにちは、みなさん！今日は「ラムサール条約」についてお話ししましょう。ラムサール条約は、世界中の湿地を保護し、大切にするための特別な取り決めです。湿地って何か、そしてなぜ大切なのか、一緒に学んでみましょう。

湿地って何ですか？

湿地には、沼、湿原、河川、湖、沿岸域などが含まれます。これらの場所は、水が豊富で、たくさんの生きものたちにとって大事な場所です。湿地には魚、鳥、カエル、水草などが住んでいます。

湿地の大切さ

湿地は、私たちの生活にとってとても大切な役割を果たしています。まず、湿地は水を浄化し、洪水を防ぐ役割があります。また、多くの鳥たちが湿地で巣を作り、食べ物を見つけます。湿地は、私たちが釣りを楽しんだり、ボートに乗ったりする場所でもあります。

ラムサール条約とは？

さて、ラムサール条約は、1971年につくられた国際的な協定です。この協定は、世界中の湿地を保護し、大切にするためのルールを作りました。ラムサール条約に加盟した国々は、湿地を大切にすることを約束しています。

〔有料版〕

文字数の調整が効果的なこともあります

ラムサール条約の説明文では，「小学6年生用の教材」「500字程度で」と指示しています。対象によって文章表現や内容が変わるからです。

「月食を小学三年生にわかるように説明してください。」というプロンプトでChatGPT に聞いてみると，スペースや句読点も含んで549文字の回答がありました。とても丁寧な回答ですが，多少複雑で読み解くには時間がかかりそうでした。

そこで「月食を小学三年生にわかるように200字程度で説明してください。」と文字数だけを変えてみました。その結果，シンプルでわかりやすい回答になりました。

発音練習の教材を作成しました

有名な日本語の早口言葉を教えてください。

もちろん、日本語には多くの有名な早口言葉があります。以下はその中のいくつかを挙げてみました。

1. 「生麦生米生卵」（なまむぎ なまごめ なまたまご）
2. 「赤パジャマ黄パジャマ青パジャマ」（あかパジャマ きパジャマ あおパジャマ）
3. 「隣の客はよく柿食う客だ」（となりの きゃくは よく かき くう きゃくだ）
4. 「李も桃も桃のうち」（すもも も もも も もものうち）
5. 「黒ブーツ赤ブーツ黄ブーツ」（くろブーツ あかブーツ きブーツ）

〔有料版〕

言語教育の教材作成は ChatGPT の得意分野です。

AとBの2人の会話形式で、短い脚本を作ってください。小学5年生向けの教材です。感情表現の練習です。少し難しいカタカナ言葉も入れてください。2分程度の文にしてください。

このプロンプトで，ＡＢ２人の小学５年生が対話する脚本を１分で回答しました。

もし私が作成するとしたら，少なくとも３０分はかかると思います。

「もう一つ作成してください。」と繰り返し頼んで回答した複数の案から選んで必要に応じて修正したら完成です。

群読の脚本づくりは簡単ではありません

「六人用の群読の台本を作成してください。」というプロンプトでは，登場人物が順に話すだけの脚本を回答しました。試行錯誤して，どうにか群読の台本を回答したプロンプトはこれです。

群読の脚本を作成してください。小学5年生用の脚本です。言葉遊びの要素を入れ た楽しい群読にしてください。ABCDEF 6人が登場します。ABCDEFの6 人全員で同時に読む台詞、Aが1人で読む台詞、Bが1人で読む台詞、Cが1人で 読む台詞、Dが1人で読む台詞、Eが1人で読む台詞、Fが1人で読む台詞、Aと Bの2人で同時に読む台詞、CとDの2人で同時に読む台詞、EとFの2人で同時 に読む台詞、AとBとCとDで同時に読む台詞、CとDとEとFで同時に読む台詞 があるようにしてください。全部で3分程度の長さです。

解答の最後にはこんなうれしいメッセージがありました。

この群読脚本では、ABCDEFのキャラクターが異なる役割を果たし、同時に読む台詞やペアでの台詞が含まれています。楽しい冒険をテーマにし、仲間意識と協力を強調しています。お子さんたちが楽しんで読み上げられることを願っています！

このようにいい結果が生まれたプロンプトをテキストで保存しておくと，次回からは多少修正するだけで使うことができます。

練習問題を作成します

ChatGPT に期待できること

「かけざん九九」「細胞分裂」「俳句」など学習内容がはっきりしている場合は，対象学年や問題数などの条件を指定するだけで練習問題を作成できます。さらに ChatGPT が作成した教材文をもとに練習問題を作成することもできます。

算数の計算問題を作成しました

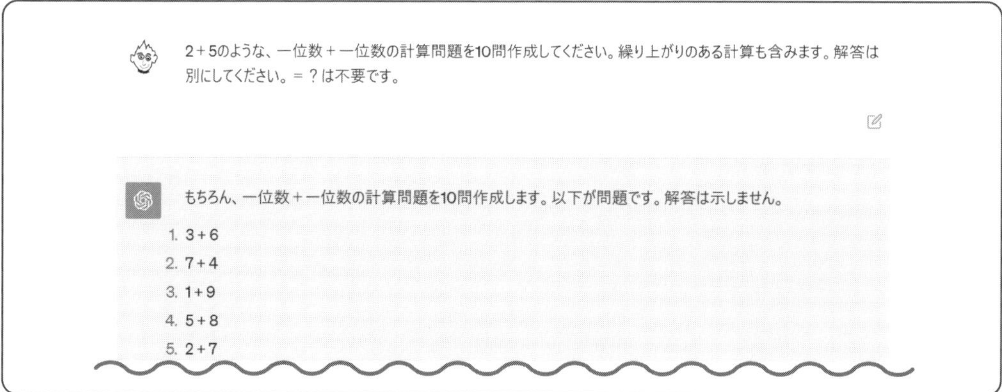

解答が示されないときは，続けて「解答を教えてください。」と書くと，答えを回答します。問題の難易度を指定することも可能です。

説明文と練習問題を作成してみました

まず，「鹿児島県の桜島について２００字程度の文でまとめてください。」と頼みます。

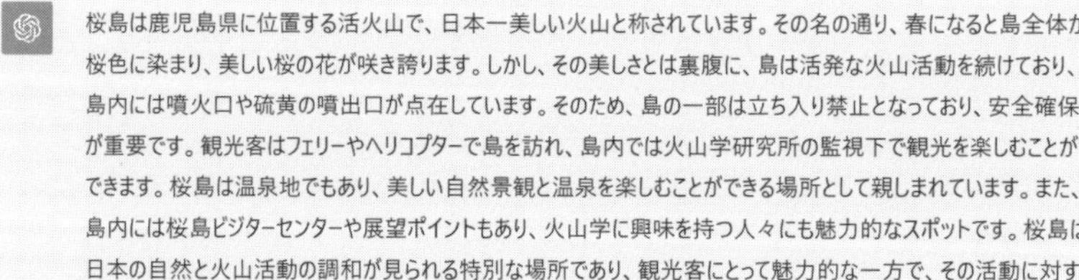

桜島は鹿児島県に位置する活火山で、日本一美しい火山と称されています。その名の通り、春になると島全体が桜色に染まり、美しい桜の花が咲き誇ります。しかし、その美しさとは裏腹に、島は活発な火山活動を続けており、島内には噴火口や硫黄の噴出口が点在しています。そのため、島の一部は立ち入り禁止となっており、安全確保が重要です。観光客はフェリーやヘリコプターで島を訪れ、島内では火山学研究所の監視下で観光を楽しむことができます。桜島は温泉地でもあり、美しい自然景観と温泉を楽しむことができる場所として親しまれています。また、島内には桜島ビジターセンターや展望ポイントもあり、火山学に興味を持つ人々にも魅力的なスポットです。桜島は日本の自然と火山活動の調和が見られる特別な場所であり、観光客にとって魅力的な一方で、その活動に対する警戒も必要な名所です。

続けて，「この説明文を問題文に，国語の問題を５問作成してください。解答するの

は小学６年生です。解答例は，別に示してください。」と指示しました。

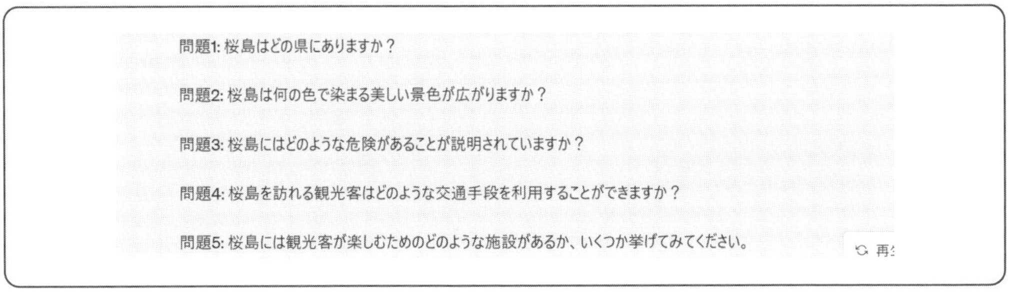

問題1: 桜島はどの県にありますか？

問題2: 桜島は何の色で染まる美しい景色が広がりますか？

問題3: 桜島にはどのような危険があることが説明されていますか？

問題4: 桜島を訪れる観光客はどのような交通手段を利用することができますか？

問題5: 桜島には観光客が楽しむためのどのような施設があるか、いくつか挙げてみてください。

〔有料版〕

続けて「もう少し難しい問題や文章で解答する問題も作れますか。」と聞くと，「『桜島は活火山であり，連日のように小規模な噴火がありますが，これが島に独特の魅力を与えています。』この文から，桜島のどのような特徴が観光客に魅力的に映るのか，自分の言葉で説明してください。」という少し難しい問題を回答しました。

教材文がある場合は貼り付けて，問題作成を依頼します

教科書の文章や新聞記事などを教材文にした問題作成を依頼する場合は，教材文をテキスト化して ChatGPT に貼り付けます。テキスト化はＯＣＲ機能の付いたスマホアプリやスキャナーを使うと簡単です。

「おおきなかぶ」「やまなし」のような著名な作品については，原文を貼り付ける必要はありません。「宮沢賢治作『やまなし』が教材です。読解練習の問題を１０作成してください。」というプロンプトだけで「宮沢賢治の描く自然についてどのような特徴がありますか？」などの問題を作成してくれます。

回答には，「答えは読み手の解釈や理解によるため，具体的な解答例は省略します。各質問は，生徒が物語を注意深く読んで理解することを奨励するように設計されています。」と書いてありましたが，続けて「具体的な解答例を教えてください。」と聞くと，「宮沢賢治の物語は解釈が多様であるため，これらの解答は一例であることをお知らせします。」と断った上で解答例を示しました。

社会科の練習問題も即座に作成します

「高校入試に向けて勉強している生徒用です。中学社会で学習する用語を問う穴埋め問題を１０問作成してください。解答と解説は別にしてください。」と頼むと，穴埋め問題と解説付きの解答をセットで回答しました。

指導計画を作成します

ChatGPT に期待できること

多様な情報から特定の学習目標を達成するための計画を作成できます。短時間に，効率よく，学習計画を作成できるので，個別指導にも対応できます。

彫刻刀の使い方を教える指導計画を作成します

授業の流れ

導入（5分）

1. 授業の目的と今日学ぶ内容の説明。
2. 彫刻の歴史や彫刻刀が使われる多様な分野について短く触れる。

基礎知識（10分）

1. 彫刻刀の種類とそれぞれの用途について説明。
2. 安全対策について説明（安全メガネ、手袋の着用、作業台の確認など）。

〔有料版〕

彫刻刀の使い方指導についてプロンプトを作成しました。設定時刻を書いていなかったので，合計５５分の指導計画になっていました。そこで，「４５分の計画」と，彫刻刀の種類と目的についての説明も追加しました。２回目の回答は４５分の設定で，彫刻刀の説明も追加されていました。

1. V字の刀（Vゲージ）

- **使い方:** この刀は、木やソープ（石鹸）に細い線を描くときに使います。まるでペンで絵を描くように、V字の刀で細かい模様を作ることができます。

2. U字の刀（Uゲージ）

- **使い方:** この刀は、少し広い範囲をくり抜くときに使います。まるでスプーンでアイスクリームをすくうような感じです。

3. 平らな刀（フラットチゼル）

- **使い方:** この刀は、木やソープの表面を平らにするときや、大きな部分を取り除くときに使います。

〔有料版〕

個別指導の計画を作成します

次の特徴がある小学５年生に対する指導計画を作成してください。
指導計画は４５分です。
指導対象は１人です。
・文章を読むとき、句読点を気にせず読む。
・早口で読む。

対象が１人と書かないと，グループ学習が計画に入るなどして，情報の追加が必要になることがあります。

導入（5分）基本的な句読点のルールの説明（10分）デモンストレーション（10分）練習とフィードバック（15分）まとめ5分という４５分間の詳しい授業計画が提案されました。

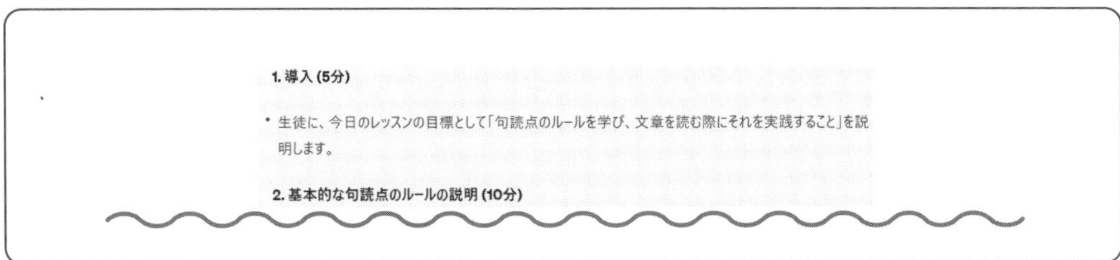

1. 導入 (5分)

- 生徒に、今日のレッスンの目標として「句読点のルールを学び、文章を読む際にそれを実践すること」を説明します。

2. 基本的な句読点のルールの説明 (10分)

「句点，読点，感嘆符，疑問符など，句読点の基本的な使い方とその役割について表にして教えてください。」と続けました。

以下に句点、読点、感嘆符、疑問符などの句読点の基本的な使い方と役割を表にまとめます。

句読点	使い方と役割
句点 (。)	文の終わりに置き、完結した意味を示す。
読点 (、)	文や文章を区切り、文中で小区切りを示す。
感嘆符 (!)	強い感情や驚きを示す文末の記号。
疑問符 (?)	疑問文の終わりに置き、質問や疑いを示す。
三点リーダ (...)	文章の途中や終わりに使い、省略を示す。
コロン (:)	前に続く内容を説明する場合や、リストを示す場合に使用。
セミコロン (;)	文章内の文や意味を区切るが、使われる機会は少ない。

これらの句読点は、文章の意味や読みやすさを高めるために重要な役割を果たします。正しく使うことで文章の理解が容易になり、読み手に伝えたい意図を明確にすることができます。

「表にまとめてください。」とプロンプトに入れると，表で回答するので，子どもたちに配布しやすい資料になります。

テストを作ります

ChatGPTに期待できること

指定した条件でテスト問題を作成できます。

かけ算九九のテストを作成しました

「計算問題を作成してください」というプロンプトでは，「2×3=」と「=」がついたり，「2×3=？」と？が付いたりすることがあるので，「=と？は不要です」と書き込みます。

これでも=が残っている場合は，続けて「1番の計算問題に=は不要です」と指示すると「2×3」になります。

問題の形式としては，「○×問題」，「2択」「3択」「4択」「5択」，「穴埋め（　），□など」，「並び替え」，「記述式」などがあります。

社会科のテストを作ります

社会科の問題を作成してください。
小学６年生用の問題です。
平安時代についての基本的な問題です。
次の形式で作成してください。
１００点満点になるよう配点してください。
【基本的な知識を確認する３択問題】１０問
【○×問題】５問
【記述式問題】４問から２問を選んで解答する問題

〔有料版〕

記述式問題は，各問題 20 点で，「平安時代の社会における貴族の役割と，武士の役割についてそれぞれ簡単に説明してください。」と「平安時代の文化や芸術において重要な要素として，雅楽や絵巻物が挙げられます。それぞれの特徴と意義について述べてください。」の２つの問題を作ってくれました。〔有料版〕

記述式問題を多めに作成して，そのなかから授業内容に合わせて選んで使うこともできます。

続けて「記述式問題をあと３問作成してください。」と頼むと，「平安時代の都，京都における都市の特徴として，どのような要素が挙げられるか説明してください。」「平安時代の絵巻物のうち，『源氏物語絵巻』について説明してください。」「内容や制作の背景などに触れてください。」のように回答しました。

ルーブリックを作成します

以下は「音読のルーブリックの簡易版を表形式で作成してください。学習者は小学校高学年です。」というプロンプトに対しての回答です。

評価項目	4点	3点	2点	1点
発音とアクセント	正確で自然な発音とアクセント。	ほとんど正確だが、少し不自然さがある。	いくつかの単語で発音やアクセントの誤りがある。	多くの単語で発音やアクセントの誤りがあり、理解が難しい。
流暢さ	スムーズで自然なペース。	ほとんどスムーズだが、少し停滞がある。	読み進めるのが難しく、しばしば停滞する。	非常に不自然で、流暢さが全くない。
強調と抑揚	適切な強調と抑揚を使って表現豊かに読む。	一部で強調や抑揚を使っているが、改善の余地あり。	強調や抑揚が不足しており、単調な読み方になっている。	強調や抑揚を全く使っておらず、表現が乏しい。
理解度	読んでいる内容を完全に理解している。	ほとんど理解しているが、細部で理解が不足している部分がある。	内容の理解が浅く、読み間違いが内容の理解に影響している。	内容を理解していない、または誤解している。
ボリュームと明瞭さ	声がはっきりとしており、適切なボリューム。	ほとんどの部分で声がはっきりしているが、一部聞き取りづらい。	声が小さく、または不明瞭で、聞き取りづらい部分が多い。	声が非常に小さく、または不明瞭で、ほとんど聞き取れない。

〔有料版〕

プロンプトの表現を変えると，異なるルーブリックが示されます。

学習クイズを作成します

ChatGPT に期待できること

多様な情報から３択などのクイズを作成できます。授業の導入や学級レクリエーションなどで，その場でも必要に応じてクイズを作成し活用することができます。

日本昔話クイズを作成します

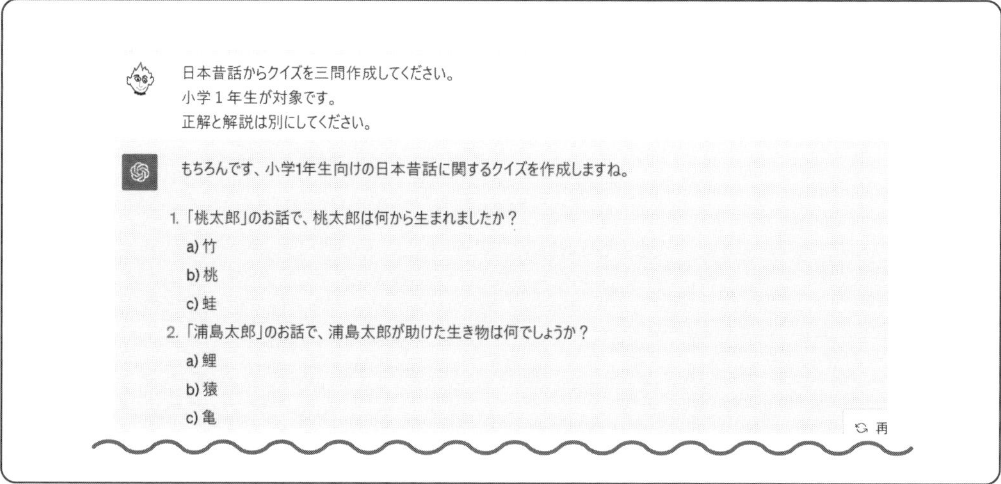

日本昔話からクイズを三問作成してください。
小学１年生が対象です。
正解と解説は別にしてください。
もちろんです、小学1年生向けの日本昔話に関するクイズを作成しますね。
1. 「桃太郎」のお話で、桃太郎は何から生まれましたか？
a) 竹
b) 桃
c) 蛙
2. 「浦島太郎」のお話で、浦島太郎が助けた生き物は何でしょうか？
a) 鯉
b) 猿
c) 亀
再

国語の授業で導入に使える学習クイズです。

クイズは多めに作成して選択するのがおすすめです

クイズを出す予定が１問の場合でも，プロンプトには，１０問や２０問と書きましょう。設定する問題数が少し多くても，ChatGPT は短時間でクイズを作成します。

たくさんのクイズの中から，問題と正解に間違いがなく，目的に合ったものを選んで使うのがおすすめです。

クイズの形式も指定すると答えてくれます

「クイズを作成してください」と漠然とした依頼でもいいのですが，クイズには「○×クイズ」，「２択」「３択」「４択」などの選択式クイズ，「穴埋めクイズ」，「並び替えクイズ」，「記述式クイズ」，「連想クイズ」，「とんちクイズ」，「図形クイズ」，「マッチ棒クイズ」などいろいろな形式があります。目的に応じて指定します。

「図形クイズ」と「マッチ棒」クイズは，依頼すると回答しますが，次のような読み取りができない不思議な回答でした。今はできなくても，近いうちに回答できるようになるのかもしれません。

○×クイズは○×のバランスも指示しましょう

「日本の文化について簡単なクイズを○×クイズで１０問作成してください」と依頼して，作成された○×クイズの正解を見ると○が８で×が２と偏っていました。そこで，「日本の文化について簡単なクイズを１０問作成してください。○×クイズで○と×が半々になるように」と変えたところ，正解は○が６，×が４となり多少改善されました。

並び替えクイズを作りました

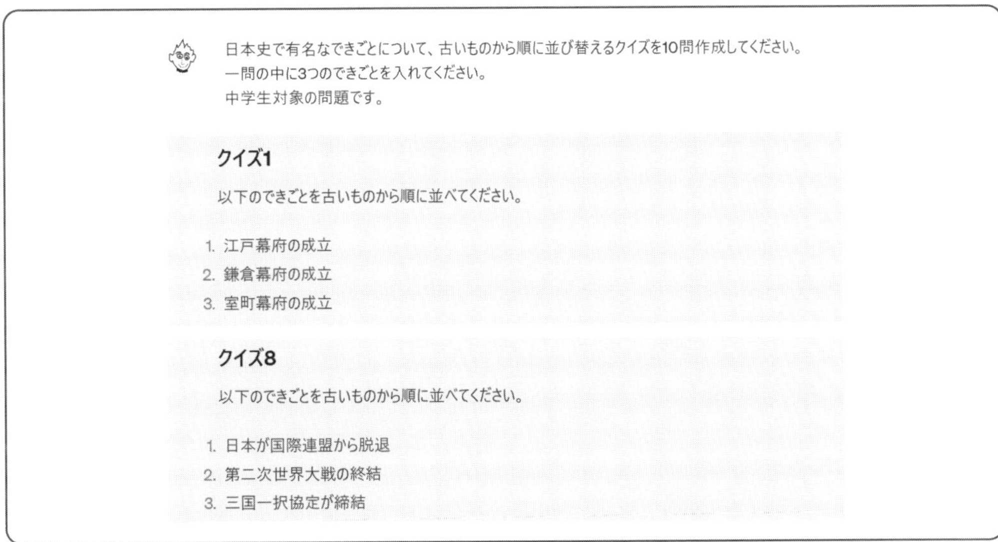

問題や正解，解説が間違っていないか，他の資料でも確認してから，実際にクイズとして出しましょう。

翻訳します

ChatGPT に期待できること

日本語から英語，スペイン語，フランス語，ドイツ語，イタリア語，中国語，ポルトガル語などに翻訳できます。外国語同士の翻訳も可能です。

日本語から英語へ翻訳してみます

下記の文を英語に翻訳してください。

はじめまして。
私の名前は、KURAMITSU ITSUSHIです。
小学校の教員をしています。
趣味は、切手収集とウインドサーフィンです。
よろしくお願いします。

Nice to meet you.
My name is Itsushi Kuramitsu.
I am an elementary school teacher.
My hobbies are stamp collecting and windsurfing.
Thank you in advance.

「この英文の発音をカタカナで書いてください。」と依頼すると，「ナイストゥミートユー。マイネームイズイツシクラミツ。アイアムアンエレメンタリースクールティーチャー。（以下略）」と回答します。「この英文を発音記号で表してください。」と依頼すると，発音記号が表示されます。

アプリの有料版では，日本語を英語などの外国語に翻訳して音声で回答してくれます。音声での会話は，テキストで保存されます。

Sure! 以下は、国際音声記号（IPA）を使って英文の発音を表現したものです。

Nice to meet you.
/naɪs tu: mi:t jʊ/
My name is Itsushi Kuramitsu.
/maɪ neɪm ɪz ɪtsu:ʃi kʊrəmɪtsu/
I am an elementary school teacher.
/aɪ æm ən ˌɛləˈmɛntəri sku:l ˈti:tʃər/
My hobbies are stamp collecting and windsurfing.
/maɪ ˈhɑbiz ɑr stæmp kəˈlɛktɪŋ ænd ˈwɪndsɜrfɪŋ/

Thank you in advance.
/θæŋk juː ɪn ədˈvæns/

〔有料版〕

自分の作成した英文を貼り付けると添削します。添削理由も説明してくれるので確認しながら修正できます。

和訳でも英訳でもいろいろな表現を知ることもできます

「次の文をいろいろな表現で英訳してください。私は，美しい地球を守りたい。」とChatGPT に聞くと，「I want to protect the beautiful Earth.I wish to safeguard the gorgeous planet Earth.……」と 10 の異なる表現が返ってきます。逆に，「次の文をいろいろな方法で和訳してください。」と聞くと，いろいろな日本語の表現をリストにしてくれます。

標準語を方言へ変換するのは少し苦手です

前のページにある自己紹介文を変換しました。

次の文を、沖縄方言に翻訳してください。

はじめまして。
わたしの名前は、クラミツ・イツシやねん。
そばがくぅでぃ、ちょーぐわさ先生をやってんねん。
趣味は、はぎじぃぴちゅでぃとウィンドサーフィンやねん。
いっしょによろしくおねがいしやびら。

それらしい言葉は入っていますが沖縄方言とは言えない文です。鹿児島弁も試しましたが，お疲れ様は「おつかれさん」（正しくはオヤットサア），大根は「たーこん」（正しくはデコン）と間違っていました。方言への変換はまだまだこれからのようです。

手話に変換するのも少し苦手です

ChatGPT は写真やイラストを表示できないので，手話自体を表現することはできないのですが，試してみました。

〔有料版〕

「ありがとう」を手話で表現する方法は以下の通りです：

1. 手のひらを胸の前で開いて、指先を自分に向けます。
2. 指先を自分に向けたまま、手を前方に引きながら自分に向けます。

これは正しい説明ではありません。いくつか試した他の言葉も同様の結果でした。手話での会話に困ったときに頼りにできるのはもう少し先のことになりそうです。

アンケートを作成します

ChatGPT に期待できること

短時間に，効率よく，アンケート文を作成できます。作成したアンケート文は，Google フォームなどで活用できます。

英語学習についてのアンケートを作成します

プロンプトは，「アンケートを作成してください。· 小学5年生が対象です · 英語の授業内容について聞きます · 5分で回答できる量にしてください」でした。

もちろん、小学５年生向けのアンケートを作成します。以下がアンケートの内容です：

アンケート

1. 英語の授業は好きですか？
   - □はい
   - □いいえ
2. 英語の授業で一番楽しいと思う活動は何ですか？
   [自由回答]
3. 英語の授業で難しいと感じる部分は何ですか？
   [自由回答]
4. もっと英語の授業を楽しくするために、どんなことがあればいいと思いますか？
   [自由回答]
5. 英語の授業で興味を持っていることや学びたい内容はありますか？
   [自由回答]

回答いただいた情報は、英語の授業内容の改善に役立てるために使用させていただきます。ご協力いただき、ありがとうございます！

修正して完成します

アンケート項目４を修正したいと思ったら，続けて「4 を別のアンケートに変えてください」と書きます。そうすると４だけが別のアンケートに変わります。

「5 を好きな英単語を聞く問題に変えてください」と聞くと，５は「好きな英単語を１つ教えてください。その単語がなぜ好きなのかも教えてください。」に修正されました。

「2 と３を入れ替えてください。」「4 を削除してください。」「２問追加してください。」など必要に応じて修正を依頼して完成します。

アンケート結果の分析もします

道徳の授業づくりに使うアンケートを作成してください。
テーマは「友だち」です。
解答時間は5分程度です。
小学5年生が対象です。

このプロンプトでChatGPTが回答したアンケートの１問目は「あなたにとって友だちとは何ですか」です。

試しにアンケート結果を「ほっとできる人　信用できる人　遊べる人　一緒に笑える人　困ったときに頼れる人　優しい人　昼休みに遊ぶ人　たよれる人　ゲームを楽しくできる人　宿題をいっしょにする人　日曜日も遊ぶ人　同じ時に笑える人　内緒の宝物を教える人」としてアンケート結果の分析を頼みました。

このアンケート結果を分析すると、回答者たちが友人をどのように定義するかの異なる視点が浮かび上がります。以下、3つの大きなカテゴリーに分けて考えることができるでしょう。

1. **信頼とサポート:** "信用できる人"、"困ったときに頼れる人"、"たよれる人"、"内緒の宝物を教える人"といった回答は、友人を信頼できる存在として見ていることを示しています。これらの回答からは、友人に対する安心感や、困難な状況に直面した時に助け合うことの重要性が伺えます。
2. **共有する楽しみ:** "遊べる人"、"一緒に笑える人"、"昼休みに遊ぶ人"、"ゲームを楽しくできる人"、"宿題をいっしょにする人"、"日曜日も遊ぶ人"、"同じ時に笑える人"といった回答は、友人との共有の楽しみや活動を強調しています。これらの回答は、友人と一緒に過ごす時間の価値や、共有の体験が友情を深める重要な要素であることを示しています。
3. **共感と思いやり:** "ほっとできる人"、"優しい人"といった回答は、友人との関係において共感や思いやりの重要性を示しています。これらの回答は、友人との間に存在する情緒的なつながりや、相手の気持ちに対する理解と尊重が重要であることを表しています。

これらのカテゴリーは、人々が友人に期待する価値や特性を浮き彫りにしており、友人とは信頼できてサポートし合え、一緒に楽しみを共有し、互いに思いやりのある存在だと認識していることがわかります。

アンケートの形式は自由です

アンケートの形式はChatGPTに一任してもいいのですが，指定することも可能です。目的や回答時間，分析時間も考慮して，「〇×形式」「選択式（２択，３択，４択など）」「順番付け」「記述式」などから選択します。

対話をシミュレーションします

ChatGPTに期待できること

架空の人間同士の対話を提示します。また，架空の相手を設定して対話をすることもできます。

対話シミュレーションを設定します

教師と生徒，教師と保護者，生徒同士などの設定が考えられます。

教師と子どものシミュレーションでは，授業や個別指導，生徒指導での会話など，内容だけでなく，教師の語り口も参考になります。

教師と保護者では，教育相談での会話の練習にもなります。

生徒同士の設定では，日常生活や協同学習での対話やディベートのモデルを作成することができます。

アプリの有料版では，音声による対話も可能です。音声での会話はテキストで保存されます。

授業で使える対話のモデルを設定します

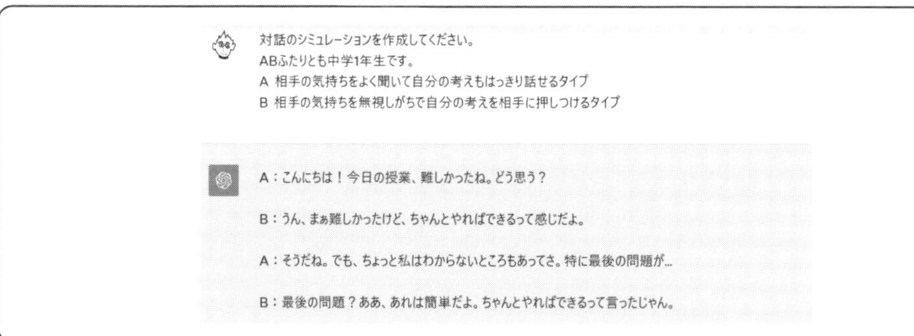

ChatGPTが示すモデルは，授業の教材として使えます。

国語，道徳，特別活動，特別な支援が必要な生徒への指導など使える場面はいろいろあります。

困ったときやトラブルが起きたときの対話のシミュレーションを作成すると，人との関わり方で困っている子どもの役に立ちます。

ディベートのシミュレーションを設定します

次の論題で肯定側Aと否定側Bでディベートのモデルを作成してください。
１０分程度の内容で作成してください。
具体的な会話文でお願いします。
「日本は首相公選制を取り入れるべきである。是か非か」

モデレータ: 本日の論題「日本は首相公選制を取り入れるべきであるかどうか」について、肯定側Aと否定側Bがそれぞれの立場から意見を述べていただきます。まず、肯定側Aから意見をお願いします。

肯定側A: はい、ありがとうございます。私たちは、首相公選制が日本の政治に新しい風を吹き込むと信じています。まず、首相公選制は、首相が直接国民の信任を得ることで、国民の意向がより直接的に反映されることになります。これにより、政策の透明性や信頼性が向上するでしょう。

否定側B: それは理解できますが、首相公選制は、多過ぎる権力が一人の指導者に集中するリスクがあります。日本の現行の制度は、権力の分散とバランスが保たれており、これが日本の政治の安定性を保っています。

〔有料版〕

※多過ぎる→「多くの」の間違い

対話やディベートのモデルになります。また異なる意見の論点を理解することにも役立ちます。

中学生との対話で心がけることを聞いてみます

「中学生との対話で心がけることはなんでしょうか。」と聞くと，「尊重する：中学生も大人と同じように，自分の意見や感情を尊重されることが重要です。話をする際には，彼らの意見を真剣に聞き，理解しようと努力することが大切です。」など 10 のポイントを回答しました。今更人には聞けないことでも，ChatGPT には聞くことができます。

対話の設定を目的に応じて使い分けます

教育活動（例：教師と生徒　専門家と教師　専門家と生徒）
　教育，説明，講義など
意見交換（例：２人から多数の対等な関係の生徒）
　グループディスカッション，ディベート，ブレインストーミング，話し合いなど
相談（例：教師と生徒　教師と保護者　専門家と教師　生徒同士　専門家と生徒）
　学習に関する相談，教育相談，カウンセリングなど
雑談（例：教師と生徒　生徒同士）
　おしゃべり，日常会話

以上のように，プロンプトに２人の関係と対話の目的を明記することで，目的に合った対話を作成できます。

第3章

10 研修会の企画を作成します

ChatGPT に期待できること

具体的な研修会の企画案を細部まで作成できます。

校内研究の企画を作成します

校内研修の企画案を作成してください。テーマは応用行動分析と生徒理解。
時間は８０分、小学校教員３０人が対象です。グループ討議も入れてください。

校内研修：「応用行動分析と生徒理解」

目的：
小学校教員が応用行動分析の基本的な理論と方法を学び、それを生徒の理解と学習サポートに活かすスキルを向上させる。

プログラム概要：

1. **開始 (5分)**
   - あいさつと研修の目的説明
2. **応用行動分析の基本 (20分)**
   - 応用行動分析とは何か: 概要と基本的な概念
   - 行動分析の三大原則：反応、刺激、強化
   - 応用行動分析の学校での利用例

〔有料版〕

具体的な研修内容も ChatGPT は提案してくれます。

「応用行動分析の基本理論を説明したいと思います。どのような内容を話したらいいでしょうか。対象は小学校の先生方で，時間は15分です。」と聞くと，より具体的な内容を回答します。

例えば，導入は２分で，「応用行動分析（ABA）が何であるか，どのようにして生じたのかについて簡単に説明します。ABA は科学的に証明された方法で，行動の変化を引き起こすために環境を操作する技術を研究する学問領域であると述べられます。」という具合です。

 Zoom を使った研修企画も作成します

〔有料版〕

Zoomを使った遠隔での研修のプランを作成してください。時間は80分。
テーマはクロームブックの有効利用について。グループ討議も入れてください。

このプロンプトで「グループ討議（30-40 分）　Zoom のブレイクアウトルームを利用して小グループ討議を行います。各グループにはクロームブックを活用するシナリオを与え，どのように取り組むかを考えてもらいます。」とグループ討議も含めたプランが作成されます。（有料版）

回答の後半には，クロームブックの基本操作についてのスライド，クロームブックの教育ツールの紹介スライド，教育現場での応用例のビデオ・事例紹介，グループ討議用の教育シナリオと討議ガイドラインと，準備する資料のリストもついています。

ChatGPT の作成した文を参考にして本案を作成します

ChatGPT の作成した文を参考に，例えば職員研修なら，職員からのアンケートや最新情報など他の情報と総合的に判断して本案を作成します。ChatGPT の案を修正して本案を作成することも，職員アンケートなどをもとに作成した案を ChatGPT に修正してもらうことも可能です。

研修方法を指定します

研修のなかで取り入れたいスタイル，例えばグループディスカッションの方法はワールドカフェスタイルでと指定すると，より具体的な案が返ってきます。

ワールドカフェは，アニータ・ブラウン（Huanita Brown）とデイビッド・アイザックス（David Isaacs）が 1995 年に提唱した方法です。

対等な関係で自由に意見を出し合え，また多くのメンバーと意見交換ができる定評のある方法です。

プロンプトでワールドカフェスタイルでと指定すると，「ワールドカフェスタイルセッション１（20 分）　３つのテーブルを用意し，それぞれのテーブルに参加者を３～５名ずつ配置。各テーブルで応用行動分析に関連する具体的なテーマについて議論を促す質問を提示。／休憩（５分）／ワールドカフェスタイルセッション２（20 分）参加者を新しいテーブルに配置し，前回とは異なるテーマで再び議論を行う。／グループ発表とディスカッション（15 分）　各テーブルから１名を選出して，各テーブルでの議論内容を全体に発表。全体で意見交換や質疑応答を行う」という計画が提案されます。

第３章

11 プレゼンテーション案を作成します

ChatGPT に期待できること

Microsoft PowerPoint や Google Slides を使ったプレゼンテーション作成を基本からサポートします。特定のテーマとスライドの枚数や時間を指定すると，プレゼンテーションの構成案を作成します。

必要な場合は，紙媒体でのプレゼンテーションを作成するための資料も作成します。

アサーショントレーニングの資料を作成します

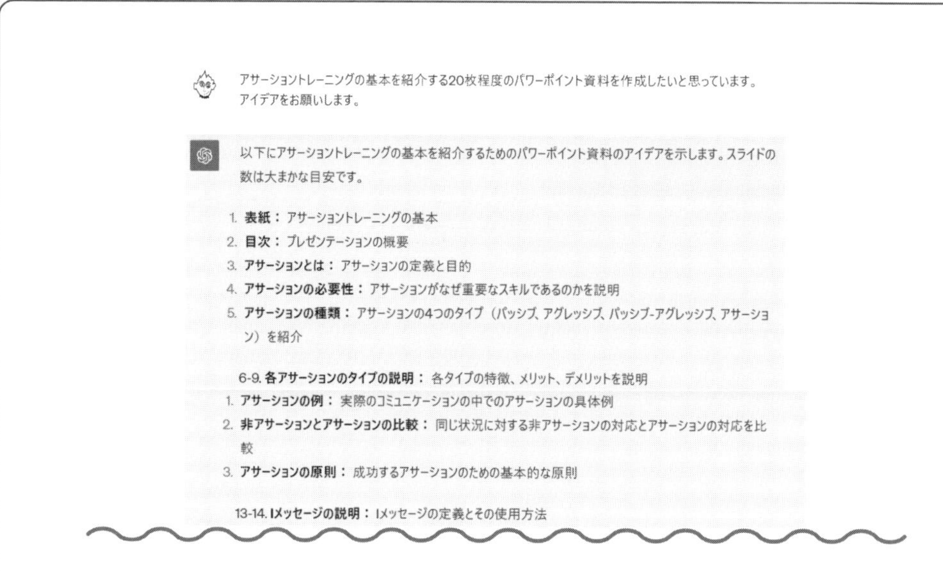

設定した枚数に合わせて，スライドの割り振りを回答します。回答を参考に自分なりのプランを立てます。自分で考えていたプランと比較することで，自分の案に足りない大切なことが見えてくるかもしれません。

スライドの内容についても提案します

「プレゼンソフトで１枚を使って説明したいので，内容の案をください。テーマは，アサーショントレーニングの定義と目的です。」と聞くと，スライドタイトル，アサーショントレーニングの定義，自己確認，適切なコミュニケーション，関係の質の向上，ストレス低減の四つの目的を回答します。

特に優先して欲しいことはプロンプトに明記します

プレゼンに入れたいと思っているプランがある場合は,「〜について触れてください」「具体例を一つ入れてください」, パワーポイントを使って行う研修で予定しているものは,「研修中にグループ討議を一度入れてください」「休憩を 10 分入れます」, 研修対象に条件があるときは,「初心者向けです」「中級者です」「上級者向けです」と明記すると, より希望に近い提案が得られます。

ChatGPT を使ってパワーポイントの資料を作ります

ChatGPT を使ってプログラミング言語の一つでパワーポイントで利用できる VBA コードを書いてもらうと, パワーポイント資料の素案ができます。

日本の四季の魅力を伝えるパワーポイントを作るVBAコードを書いてください。5 枚のスライドにまとめて下さい。
四季それぞれの、季語、俳句、それぞれの魅力的な場所などを紹介してください。

これで VBA コードが作成されます。

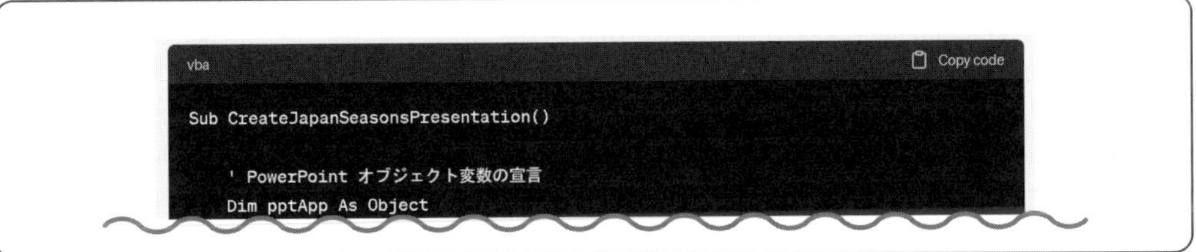

vba
Copy code
Sub CreateJapanSeasonsPresentation()
' PowerPoint オブジェクト変数の宣言
Dim pptApp As Object

上図右上の Copy code をクリックしてコピーします。パワーポイントの開発タブにある Visual Basic をタップ, 挿入から標準モジュールを選択, コードを貼り付けて再生ボタンを押すと完成です。

開発タブは, パワーポイントのファイル→その他→オプション→［リボンのユーザー設定］［メインタブ］にある［開発］のチェックボックスをオンに設定して,［OK］ボタンをクリックすると登場します。

日本の四季の魅力
四季、俳句、魅力的な場所の紹介

春
• 季語: 桜
• 俳句: 春の夜 桜の花が 風に舞う
• 場所: 京都の哲学の道

12 個別の支援アイディアを作成します

ChatGPT に期待できること

個別の支援に必要なさまざまなアイディアを作成できます。

暴力をふるう子どもを指導するアイディアを作成します

友だちのちょっとした言動に切れて、暴力をふるう子どもに対する指導のアイディアを３つ教えてください。

友だちのちょっとした言動に切れて暴力をふるう子どもに対する指導は、彼らに適切な対応方法と感情のコントロールを教えることが重要です。以下は3つのアイディアです：

1. **感情の認識とコントロールのトレーニング:**
暴力をふるう子どもに対して、感情を認識し、コントロールするスキルを教えましょう。感情の正当性を認めつつ、感情が高ぶったときに冷静になる方法を教えます。感情を表現するための適切な方法や、怒りを抑えるリラックステクニックを紹介し、実践する機会を提供します。

2. **共感とコミュニケーションの強化:**
暴力行為の背後にはしばしばコミュニケーションの問題があることがあります。子どもに友だちとのコミュニケーションスキルを向上させるようサポートしましょう。感情や意見を適切に伝え、相手の立場に共感することの重要性を教えます。また、問題が発生した場合、冷静に話し合う方法を示します。

3. **非暴力的解決策の強調:**
暴力の代わりに、紛争を解決するための非暴力的な方法を強調しましょう。友だちとの紛争が発生した場合、交渉、妥協、問題解決の方法を教えます。また、暴力行為の代わりに、感情を表現し、友だちと協力して問題を解決する方法を練習する機会を提供します。

これらのアイディアは、子どもが自分の感情をコントロールし、友だちとの関係を強化し、暴力の代わりに健全な解決策を見つける手助けとなるでしょう。さらに、専門家や学校のカウンセラーからのサポートも役立つことがあります。

続けて「アンガーマネージメントは役に立ちませんか。」と聞くと，アンガーマネージメントについての詳しい情報を，提案してくれました。

回答の最後に，「ただし，アンガーマネージメントは一朝一夕で身につくものではありません。個人の意欲や取り組みが重要であり，トレーニングやプログラムを継続的に行うことが大切です。また，専門家のサポートを受けることで，より効果的なアンガーマネージメントを身につけることができるでしょう。」という的確なアドバイスが書かれています。

忘れ物が多くて困っている児童への指導を聞いてみました

忘れ物が多い児童への指導計画を作成してください。

児童が忘れ物が多い場合、その問題を解決するためには、継続的なサポートと指導が必要です。以下に、忘れ物が多い児童への指導計画の一般的なガイドラインを示します。ただし、具体的な状況に合わせて調整することが重要です。

1. 計画の目標と目的の設定:
   - 児童と保護者との協力のもと、忘れ物の頻度を減らすことを明確にした目標を設定します。例えば、「1週間に1回以内の忘れ物に減少させる」など。
2. 保護者との連携:
   - 保護者と協力し、忘れ物の背後にある理由を理解しましょう。家庭でのサポートが不可欠です。保護者と定期的にコミュニケーションをとり、進捗状況を共有します。
3. リマインダーシステムの設定:
   - 児童が忘れ物を減らすためにリマインダーシステムを導入します。例えば、スマートフォンのアラーム、リスト、メモ、カレンダーを活用します。
4. オーガナイゼーションスキルの強化:
   - 児童にオーガナイゼーションスキルを教え、物事を整理し、時間を管理する方法を学ばせます。デイプランナーやタスクリストの使用を奨励します。

ChatGPT から専門的な学習へ進みます

ChatGPT は，特別支援教育の分野でも有益な情報を提供してくれますが，特別支援教育や個別指導の理論を学習しなければ，提供された情報を理解できなかったり，子どもの実態に応じた柔軟な指導ができなかったりすることが予想されます。

例えば，「忘れ物が多くて困っている児童への指導計画を作成してください。」についても，応用行動分析における行動分析の方法やスモールステップでの指導，子どもの行動を促すきっかけとなるプロンプト（応用行動分析で使用される用語）の基本について知っているとChatGPT のプロンプトに反映でき，より効果的な提案を得られます。

著名な指導方法を教えてください

「〜という特性を持つ子どもに対する著名な指導方法を教えてください」というプロンプトも効果的です。例えば，一つ目のケースについて聞いてみると，７つの指導方法をリストアップしてくれました。

「まだありますか」と聞くと，追加で９つの指導方法を提示してくれました。

そのなかから，もっと知りたい指導法については，続けて聞く，ウェブ検索する，書籍を読むなどして学習すると，有効な手段がみつかるかもしれません。

第3章

13 ブレインストーミングを行います

ChatGPT に期待できること

ブレインストーミング（Brain storming）は，「ブレスト」「ブレーンストーミング」と呼ばれるアイディアを出し合う「集団発想法」です。通常は，対面で複数人がアイディアを出し合う方法ですが，ここ数年はオンラインで行うことも増えてきました。ChatGPT を使うと，時間も相手も場所も気にせず ChatGPT と仮想空間で実施できます。

学習意欲がわかない生徒に指導するアイディア

学習意欲が持てない生徒に指導する方法について、いろいろな意見を知りたいので、ブレインストーミング風に10のアイディアを出してください。

もちろん、学習意欲が持てない生徒に指導する方法についてのアイディアをお伝えします。以下はブレインストーミング風の10のアイディアです。

1. **関心を引くトピックの提供**: 生徒の興味や関心に合ったトピックやテーマを選んで学習材料を提供し、彼らが興味を持ちやすくすることが重要です。
2. **学習の目標設定**: 具体的な学習目標を設定し、達成感を味わえるようにサポートします。小さな成功体験が学習意欲を高めることがあります。
3. **フィードバックと賞賛**: 生徒が頑張ったときには、その努力を認め、賞賛しましょう。ポジティブなフィードバックは学習意欲を刺激します。
4. **対話と共感**: 生徒とのコミュニケーションを大切にし、彼らの立場や感情に共感しましょう。彼らの声を聞くことで、学習環境を改善できるかもしれません。
5. **アクティブラーニング**: 視覚的、実地、体験的な学習アクティビティを導入して、単なる教科書の読み物よりも参加感を高めます。
6. **学習仲間との協力**: グループ学習やペア学習を促進し、生徒同士で助け合い、協力する機会を提供します。

最初から ChatGPT に聞くこともできますが，自分で思いつくだけ書き出してから ChatGPT に聞いて，自分の考えを修正する方が，思考の整理がスムーズにいくのでおすすめです。

「１０のアイディアを」と依頼すると１０，「２０のアイディアを」と依頼すると２０のアイディアを回答します。足りないと思ったら「続けて」とアイディアを追加します。

キャラクター設定をして対話を作成します

例えば架空の5人が一つのテーマについて自由に意見を出し合う設定もできます。

キャラクター設定は自分で決めても構いませんし，ChatGPT に「5人の異なるキャラクターでブレインストーミングをするとしたら，どのようなキャラクター設定をするといいでしょうか。」と聞いて作ってもらうことも可能です。

ChatGPT に依頼すると，A はアーティストで「性格：創造的で感受性豊かなアーティスト。芸術的な視点から物事をとらえる。役割：アイディアを視覚的な形で表現し，感性を刺激する視点を提供。」同様に B（ビジネスパーソン），C（科学者），D（夢見る学生），E（エンジニア）と具体的な説明付きで設定しました。

続けて「5人がいろいろな考えを自由に出す，ブレインストーミング形式の対話をお願いします。テーマは，読書が苦手な子どもに少しでも読書の楽しさを感じてもらうにはどうするかです。時間は三分程度です。」と依頼すると対話形式で，いろいろな意見が提案されました。

子どもたちのアイディアをグルーピングすることも可能です

例えば，観光客を増やすために子どもたちから出たアイディア（英語通訳を増やす，中国語の通訳を増やす，町の地図アプリを作る，特産物を使った料理のレシピを開発する，……）を整理して，「グルーピングして，グループごとにラベルを貼ってください。」というプロンプトを作成すると，グループ1: 言語サポートを強化　グループ2: 観光情報の提供　グループ3: 観光促進の施策に分類してくれます。

「優先順位をつけてください。」と指示を出してみました。1から9まで順位がつけられ，「優先順位は，観光促進に対して直接的な効果が期待される施策を優先しています。」と根拠も示されます。優先順位をつける指示を出す場合は，何を根拠にした優先順位をつけて欲しいのかを設定すると望ましい結果が出ます。

メリットとデメリットを聞きます

自分の考えたアイディアについて，いろいろな意見を聞きたいときに有効なプロンプトに，メリットとデメリットを聞く方法があります。

例えば，日本の第二共通語を英語にしたらいいのではと思いついたとき，「日本の第二共通語を英語にすることのメリットとデメリットを整理してください。」と聞くと，メリットを4つ（国際的なコミュニケーション，グローバルなキャリア機会，情報アクセス，異なる文化への理解），デメリットも4つ（言語障壁，文化的誤解，教育への影響，社会的格差）それぞれ説明付きで回答しました。

第3章

14 文書作成をサポートします

ChatGPT に期待できること

文書や手紙のサンプルを作成できます。

社会科見学のお礼状を作成します

社会科見学で訪問した消防署長宛に出すお礼状のサンプルを作成してください。テキストでお願いします。

[消防署長様の氏名]様

拝啓、時下ますますのご清栄のこととお慶び申し上げます。

この度は、社会科見学の際に貴署を訪問させていただき、大変貴重な体験をさせていただきましたこと、心より感謝申し上げます。

当日は、消防車や装備の実演、署内の設備や業務内容の詳細な説明をしていただき、非常に有意義な時間を過ごすことができました。私たちが普段目にすることのできない貴重な経験をさせていただいたこと、大変感謝しております。

この機会を通じて、消防士の方々の日々の努力や、地域の安全を守るための尽力を身近に感じることができました。今後も貴署のご活躍を心より応援しております。

貴重な機会を提供していただきましたこと、改めて感謝申し上げます。どうぞ今後ともよろしくお願い申し上げます。

敬具

これを参考に，教師の感想や子どもたちの感想などを追加して仕上げます。講話の様子を撮影した写真も添えると喜ばれます。

見学の依頼文も，宛先の肩書きと氏名，作成期日，用件，勤務校校長氏名，参加者の学年，人数，引率者名，具体的な目的，連絡先などを指定すると作成します。しかし，昨年度の依頼文がある場合は，それを修正する方が早いかもしれません。

漠然とした文書作成でも，「～を依頼する文のモデルを示してください。」で，一つの例を示してくれます。

自分の作成した文を貼り付けて，「文章を校正・校閲してください。」と指示すると，誤字脱字などを指摘してくれます。

文章作成は少しずつ文字数を増やす方法がおすすめです

文章作成を依頼するとき，最初に自分で書きたいことを短文でまとめ，その後「この文を 500 字程度の文章にしてください。」と依頼し回答を修正します。その後「2000字程度の文章にしてください。」と文字数を増やす方法が修正に時間がかからずおすすめです。

文体を指定するときは，「敬体，です，ます調で書いてください。」，「常体，だ，である調で書いてください。」と書くと間違わないようです。

俳句づくりの FAQ を作成します

俳句づくりのFAQを作成してください

もちろんです！以下は俳句づくりに関するよくある質問（FAQ）の一例です。

Q1: 俳句って何ですか？

A1: 俳句は、日本の伝統的な詩形の一つで、3行から成る詩です。通常、5音、7音、5音（合計17音）の音数に従います。俳句は一瞬の風景や感情を表現するために使われます。

Q2: 俳句を書くための基本的なルールは何ですか？

A2: 俳句を書く際の基本的なルールは以下の通りです。

- 5音、7音、5音の音数制限を守ること。
- 季語を含めることが望ましい。季語は季節を示す言葉で、詩の季節感を強調します。
- 自然や人生、感情に焦点を当てることが一般的です。

Q3: 俳句に季語を含めることは必須ですか？

A3: 季語を含めることは俳句の伝統的な要素ですが、必須ではありません。季語は詩の深さと表現力を高めるのに役立ちますが、時には季語を省略しても良いこともあります。

Q4: 俳句を書くためのヒントはありますか？

A4: 俳句を書く際のヒントは以下の通りです。

＊海外では3行で書かれますが，俳句は１行の詩です。

FAQ は，Frequently Asked Questions（フリークエントリー・アスクド・クエスチョンズ）の略で「エフ・エー・キュー」と呼ばれることが多い言葉です。「よくある質問」という意味で，想定問答集と同じです。

教師が教材研究の一環として，または子どもたちが抱く可能性の高い疑問を事前に把握する方法としておすすめです。

FAQ は印刷して教材研究ノートに貼り付けておくと役に立ちます。

気分転換の話し相手をします

ChatGPT に期待できること

新しいアイディアを出したい時や迷っている時，気楽に話しかけると，丁寧に対話の相手をします。自分の考えをまとめたいときにも役立ちます。

ちょっとしたことを聞いてみます

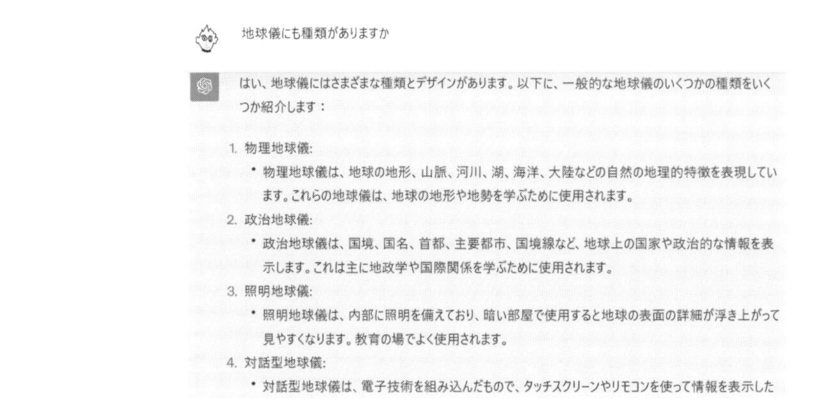

すべてのことに適切な回答をするわけではありませんが，たいていの話題にはそれなりに内容のある回答をします。

笑い話をするのは得意ではないようです

「少し疲れました。笑わせてください。」と時々頼みます。すると，たいていは落ちのよくわからない話をしてくれます。その意味のわからない笑い話が気に入っています。時々，深い意味がありそうな話をしてくれます。その時は「大笑いしました」と感謝の言葉を伝えます。

ゲームの相手をしてくれます

「あなたといっしょにできるゲームを教えてください」と聞くと，ChatGPT と対話形式で遊べるいろいろなゲームを教えてくれます。

「しりとりをしましょう」は，単純なゲームですが，「ん」で終わる言葉を言うと負けるというルールをなかなか理解してくれません。

「20 の質問ゲーム」は，ユーザーが設定した秘密の何かを，ChatGPT がはい，いいえで答えられる質問をして当てるゲームです。私が設定した「スマートフォン」は８つ目の質問の後で当てられました。逆に ChatGPT が設定した秘密の何かを，ユーザーが質問してあてるゲームもできます。

「クイズ」は，「２択クイズを一問ずつ出してください。」「３択クイズを５問出してください。」などいろいろな設定でクイズを出してもらえます。試してみたところ２０択クイズが限界でした。

「私の書く５つのヒントから思いつく言葉を答えてください。」のように意味が伝わる設定なら，新しいゲームにも対応します。ヒントとして，「曲がっている果物　熟すと黄色い　英語だとＢで始まる３文字」を出すと，次のような回答がありました。

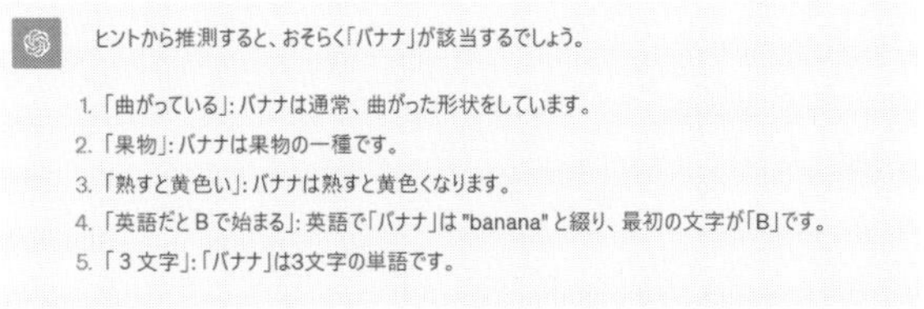

ヒントから推測すると、おそらく「バナナ」が該当するでしょう。

1. 「曲がっている」: バナナは通常、曲がった形状をしています。
2. 「果物」: バナナは果物の一種です。
3. 「熟すと黄色い」: バナナは熟すと黄色くなります。
4. 「英語だとＢで始まる」: 英語で「バナナ」は "banana" と綴り、最初の文字が「B」です。
5. 「３文字」:「バナナ」は3文字の単語です。

正解です。

「ストーリービルディング」は，生徒にも紹介したいゲームです。

・ChatGPT「ある日，山奥に住む老人が不思議な石を見つけました。この石は夜になると青白く光り，日中はどこか暖かさを感じさせるものでした。次はあなたの番です。どうぞ続けてください！」
・私「老人は迷いましたが，その石を家に持ち帰ることにしました。」
・ChatGPT「良い続きです！家に戻った老人は，石を暖炉のそばの棚に置きました。すると，石はますます明るく輝き始め，部屋全体が柔らかな光で満ちました。次はあなたの番です。どうぞ続けてください！」

対話を続けることで共同制作の物語が完成します。

アプリの有料版では音声での会話も楽しめます。

アプリの右上にある横三点〔…〕をクリックし，「Settings」「Voice」と進むと，会話の声を Breeze，Sky，Ember，Cove，Juniper から選ぶことができます。日本語でもほかの外国語でも気楽に会話が可能です。

第３章

16 アクティビティを作成します

ChatGPT に期待できること

アクティビティのプランを短時間に，効率よく，作成できるので，授業の導入や学級レクリエーションなどで必要に応じて作成し活用できます。

中学生向け俳句アクティビティを作ります

中学生向けの俳句をテーマにした、少し変わったアクティビティを教えてください。

俳句を学ぶ際の変わったアクティビティは、生徒たちに詩的な表現や自然への観察力を高める素晴らしい機会を提供することができます。以下は中学生向けのいくつかのアイデアです。

1. 俳句バトル

1. 生徒を2つのチームに分けます。
2. 各チームには同じテーマ（例：春、雨、学校など）を与えます。
3. 制限時間内（例えば5分）で、各チームはそのテーマに基づいた俳句を作成します。
4. 時間が来たら、各チームが俳句を発表し、クラスや先生が勝者を決めます。

2. 俳句ビンゴ

1. ビンゴのカードを作成し、各マスに自然や季節、動物などの単語を書きます。
2. 生徒はビンゴカードに基づいて俳句を作ります。
3. 俳句に使われた単語がビンゴカードにあれば、そのマスを消していきます。
4. ビンゴになった生徒は、その俳句をクラスで発表します。

〔有料版〕

アクティビティは「活動」「行動」を意味する言葉で，幅広い意味で使われています。

アクティビティは，アイスブレイク，レクリエーション，学習ゲーム，ものづくりと重複する部分が多いのですが，目的に応じて使い分けると効率的に具体的な情報が得られます。

「レクリエーションを作成してください」

アクティビティと似たようなプロンプトに「レクリエーションを作成してください」があります。レクリエーションは，気晴らしや楽しみの活動全般を指す言葉で，授業というよりは遊びに近いものです。

「アイスブレイクを作成してください。」

学級びらきや教科びらきで，その場の緊張を和らげ，コミュニケーションを円滑にするために，５分から 10 分程度かけて行う活動がアイスブレイクです。

初対面の場だけでなく，よりお互いのことを知ることや，気分転換を目的にする時にも使います。

「学級びらきで使えるアイスブレイクをいくつか紹介してください。小学３年生です。」と聞くといくつかの回答がありました。そのなかから気に入ったのは自己紹介ビンゴです。

4. 自己紹介ビンゴ:
- ビンゴカードを作成し、各マスに異なる自己紹介の要素を書きます。例えば「兄弟姉妹がいる」「好きな食べ物がピザ」「夏休みに旅行した」など。
- クラスメイト同士でビンゴカードを交換し、相手の情報を集めることができる場面でカードにチェックを入れます。

〔有料版〕

「学習ゲームを作成してください」

「ことわざの学習ゲームを作成してください。対象は小学５年生です。」というプロンプトで聞くと，「ことわざピースを探そう！」というタイトルで，20 個のことわざを２つの部分に分けた 40 枚とことわざの意味を書いた 20 枚のカード合計 60 枚を使う神経衰弱に似たゲームを回答しました。ことわざも条件に合わせて案を作成します。

「地図帳を使って遊べる少し変わったゲームを３つ教えてください。」と依頼すると，３つの案を回答しました。気に入る案がなかったので，「続けて」と書いて追加の案をもらったなかに「地域別料理クイズ」という面白そうなゲームがありました。

1. 地域別料理クイズ:
このゲームでは、地図帳からランダムに国や地域を選び、その地域の代表的な料理に関するクイズを出題します。プレイヤーはその地域の料理名や特徴、材料、調理法などについての質問に答える必要があります。正確な答えを出すとポイントを獲得でき、最終的に最も多くのポイントを獲得したプレイヤーが勝者となります。このゲームは地理と食文化を組み合わせて楽しむのに最適です。

「ものづくりのアイディアを紹介してください」

いろいろなものづくりのアイディアを紹介します。素材や大きさ，おおよその制作時間などの条件をプロンプトに書きます。紹介されたものづくりのなかから具体的に検討したいものを Web 検索します。

第4章

ChatGPT 生徒活用編

01 求める情報を提供します

ChatGPT に期待できること

多様な情報から必要な情報を収集整理して提供します。

指導にあたって配慮すべきこと

ChatGPT の回答を鵜呑みにしない指導が大切です。指導例を紹介します。

一つは，生徒がよく知っていることを調べる学習です。回答に不正確な情報があったときに気がつきやすいことと，生徒は身近なことだと興味を持ちやすいからです。

もう一つは，明らかに間違いのある回答が予期されるものを例として全員で調べる学習です。次ページで紹介した「平川動物公園」のようなびっくりするようなものがおすすめです。

百科事典として使えます

新潟県の特産品をいくつか教えてください

新潟県は日本の中でも特に自然資源が豊富で、多くの特産品があります。以下はその中からいくつかの特産品を挙げます。

1. **コシヒカリ米** - 新潟県は日本で最も有名な米の産地の一つで、特に「コシヒカリ」は高品質でよく知られています。
2. **日本酒（にほんしゅ）** - 新潟県は日本酒の高品質な産地としても知られています。水質が良いため、多くの蔵があります。
3. **佐渡金山** - 佐渡島は金や銀が採掘されていた場所としても知られています。
4. **越後牛** - 高品質の和牛も新潟県の特産品です。
5. **海鮮類** - 日本海に面しているため、新鮮な魚介類も豊富です。特にブリやズワイガニなどが有名。
6. **梨（にashi）** -「豊水（ほうすい）」など、新潟県は梨の生産も盛んです。
7. **こんにゃく** - 新潟県はこんにゃくの大産地でもあります。
8. **柿渋（かきしぶ）** - 柿渋を用いた製品も多く、特に柿渋染めの布などがあります。
9. **長岡花火** - 長岡市は日本でも有数の花火大会が行われる場所として知られています。関連商品も多いです。
10. **越後織** - 伝統的な織物も新潟県の特産品とされています。
11. **新潟せんべい** - 新潟県はせんべい（煎餅）の生産も盛んで、多くの種類があります。

例のように，調べたいことをリストにして回答します。「続けて」と入力すると追加で情報を提示します。より詳しく知りたいときは，詳しい人に聞く，ChatGPT に続けて聞く，Web 検索する，書籍で調べるなどしてより詳しい情報を入手します。最初から Web 検索するより，リストを作成してから詳細に調べる方が効率的です。

国語辞典として使えます

方言周圏論について教えてください

方言周圏論（ほうげんしゅうけんろん、英: Dialect Continuum Theory）は、言語学の分野における理論の一つです。この理論は、言語が地理的な連続的な領域内で変化し、段階的に類似性や相互理解性が失われる現象を説明するために用いられます。具体的には、言語変種（方言）が一つの言語から別の言語への連続的なスペクトル上に配置され、遠く離れた地域では相互理解が難しくなるという考え方です。

以下に、方言周圏論の主要な要点を説明します：

わからない言葉に出会ったら，ChatGPT に聞いてみると大抵のことは説明します。

ChatGPT のいいところは，説明が理解できないときは，「もう少し簡単な説明はできませんか」「それは，～ということですか」「例をあげて説明してください」と続けて質問できるところです。

ChatGPT の間違い探しの授業ができます

ChatGPT の間違いには，2021 年までの限定された情報からくる間違いと，誤字脱字や根拠不明な間違いとがあります。また，プロンプトのささいなミスが原因で結果が正しく現れない場合もあります。

例えば「平川動物園はどこにありますか」と聞くと，「平川動物公園は，日本の青森県平川市にある動物公園です」として青森県の平川動物公園について説明しますが，鹿児島市の動物公園については触れません。

平川動物公園の住所は

情報は変更される可能性がありますが、2021年9月時点での情報によれば、平川動物公園（Hirakawa Zoological Park）の住所は以下の通りです：

青森県平川市大字下平川字下平川１９−1

〔有料版〕

実際には青森県平川市には平川動物公園は存在しません。またこの住所は実在しません。こうした間違いは文面をコピーし教室に掲示して，ChatGPT の情報を鵜呑みにしてはいけないことが全員の印象に残るようにします。

第4章

02 対話の練習相手をします

ChatGPTに期待できること

人と話すのが苦手な子どもでも気楽に対話の練習ができます。

指導にあたって配慮すべきこと

ChatGPTは人工知能ですが，人と話すようにていねいに会話をすると，気持ち的にも楽しいし，スムーズに調べられることを指導します。

おしゃべりを楽しめます

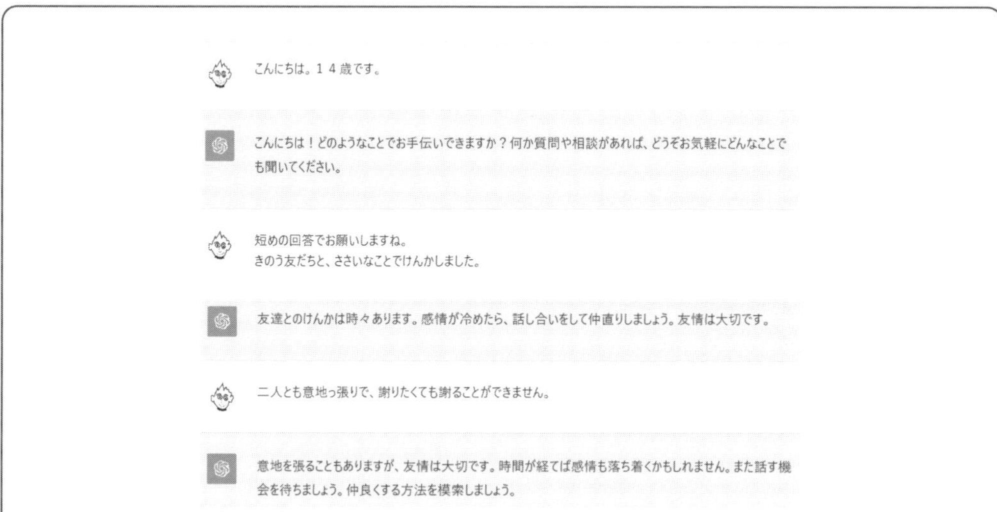

こんにちは。１４歳です。
こんにちは！どのようなことでお手伝いできますか？何か質問や相談があれば、どうぞお気軽にどんなことでも聞いてください。
短めの回答でお願いしますね。
きのう友だちと、ささいなことでけんかしました。
友達とのけんかは時々あります。感情が冷めたら、話し合いをして仲直りしましょう。友情は大切です。
二人とも意地っ張りで、謝りたくても謝ることができません。
意地を張ることもありますが、友情は大切です。時間が経てば感情も落ち着くかもしれません。また話す機会を待ちましょう。仲良くする方法を模索しましょう。

指導したいプロンプト「短めの回答をお願いします。」

ChatGPTは，いろいろなことを知っているので，１つの質問に対して回答が長くなりがちです。ChatGPTが一方的に話し，情報量が多すぎて要領を得ない回答になったり，読み取るのに時間がかかりすぎたりすることを避けたいときは，あらかじめ「短めの回答をお願いします」とか「ポイントだけ回答してください」「１つずつ質問してください」と伝えて回答の長さを調整します。

アサーショントレーニングの練習になります

アサーショントレーニングは，自分も相手も尊重しながら，円滑なコミュニケーションを実現する自己表現のスキルを身につけるトレーニングです。アグレッシブ（攻撃型・ジャイアンタイプ），ノン・アサーティブ（非主張型・のびたタイプ），アサーティブ（中立型・しずかちゃんタイプ）と３つのタイプのなかのアサーティブなコミュニケーションを目指します。

ChatGPT との対話では，アサーショントレーニングを意識して次の３点に気をつけます。

・対等な関係であることを意識し丁寧で伝わりやすい言葉を使う。
（提案や情報提供に対して感謝の気持ちを表現する。）
・発言が自分の考えと異なっていた場合は，しっかり聞いて参考にした上で自分の考えを伝える。
・多様な意見を知ることを目的とし急いで結論を出そうとしない。

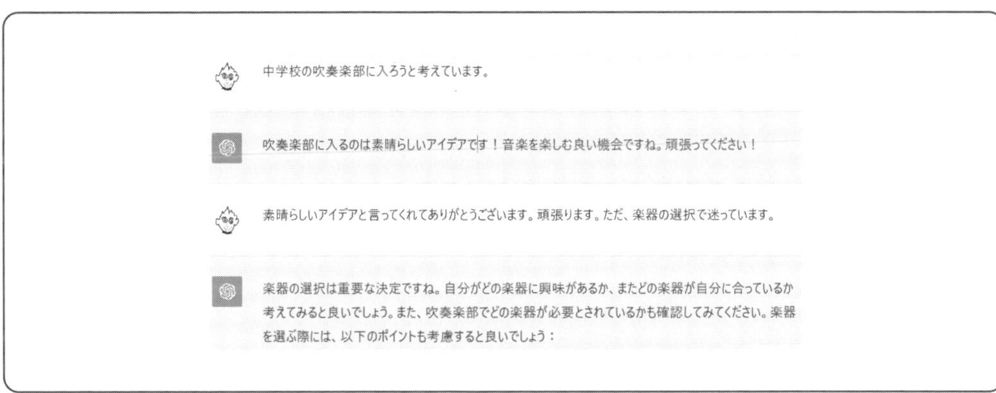

対話を振り返り，ChatGPT の言葉と自分の言葉をアサーショントレーニングの視点で振り返ります。ChatGPT はアグレッシブな態度をとることはないので，いいモデルになります。

工夫次第でいろいろな対話ができます

占いもしてくれます。「私の今日のラッキーカラーは何ですか」「星座占いをお願いします。私は蠍座です」で，回答してくれます。ゲームの相手もしてくれます。

※第３章１５を参照してください。

第4章

03 英会話の練習相手をします

ChatGPT に期待できること

日本語の対話以上に，ChatGPT は英会話が得意です。入門レベルからレベルの高い会話まで対応します。会話といっても，実際に話すわけではなく，すべて文字上で行います。

時間を気にせず，自分のペースで英語で対話をすることは，英語学習にとっても効率的です。

指導にあたって配慮すべきこと

レベル設定をしっかりすると英会話が楽しくできます。

とりあえず英語で話しかけてみましょう

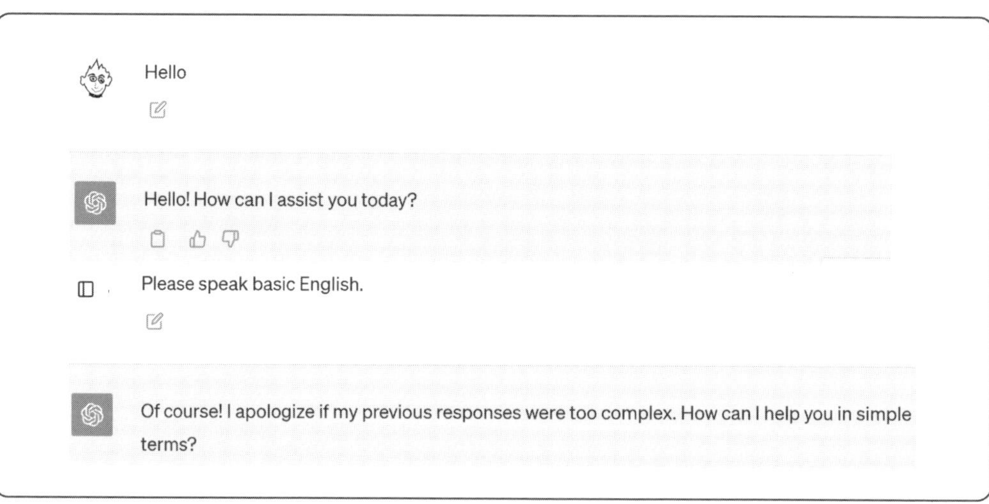

英会話のレベルを指定することが大切です。

「Please speak basic English.」

「Think of yourself as a child who has been studying English for a year.」（1年間だけ英語を勉強している子どもと思って話してください。）のようにいろいろ工夫してみましょう。対話の目的・場面・状況を示しておくと，難易度設定がより適正に近づきます。

困ったときは，「日本語に翻訳してください」と伝えると即座に日本語に翻訳してくれます。

「ここまでのやりとりを全部英語で再現してください」

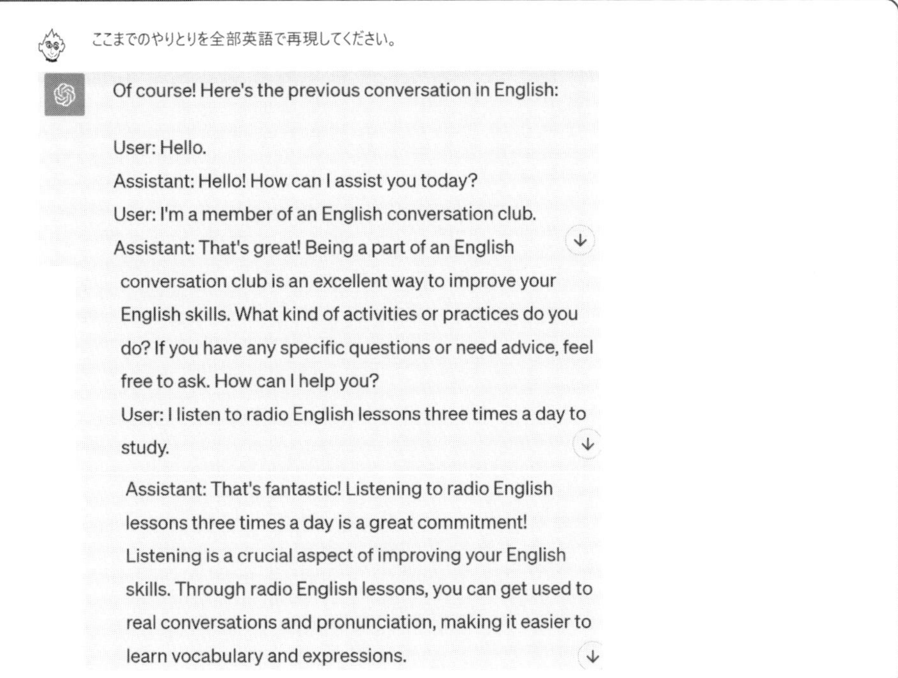

日本語での対話をした後で「ここまでのやりとりを全部英語で再現してください」と伝えると，すべての対話文が英訳されます。英会話の例文を生徒が自分で作ることが可能になります。

多言語に翻訳できます

ChatGPT に「いくつの外国語に翻訳可能ですか」と聞いてみました。英語，スペイン語，フランス語，ドイツ語，イタリア語，中国語（簡体字と繁体字），韓国語，ロシア語，ポルトガル語，アラビア語などと回答しました。子どもたちが様々な外国語に興味を持つきっかけになりそうです。

Google 翻訳と併用します

ChatGPT と会話をしながら，困ったときは Google 翻訳で英訳した文章を ChatGPT に貼り付けたり，ChatGPT の英語の回答を Google 翻訳で日本語訳したりする使い方も便利です。生徒が日本語で話し，ChatGPT が英語で話す異言語対話も面白そうだと思い試してみましたが，成功しませんでした。

アプリの有料版では音声での会話練習も可能です

会話の内容は保存されているので見直すことも可能です。

04 英文を校正します

ChatGPTに期待できること

ChatGPTは生徒の英作文を校正します。

短時間に効率よく校正するので英語の学習で活用できます。

指導にあたって配慮すべきこと

校正された理由が学習では大切です。理由が示されないときは，続けて聞くことを指導します。

英文をていねいに校正します

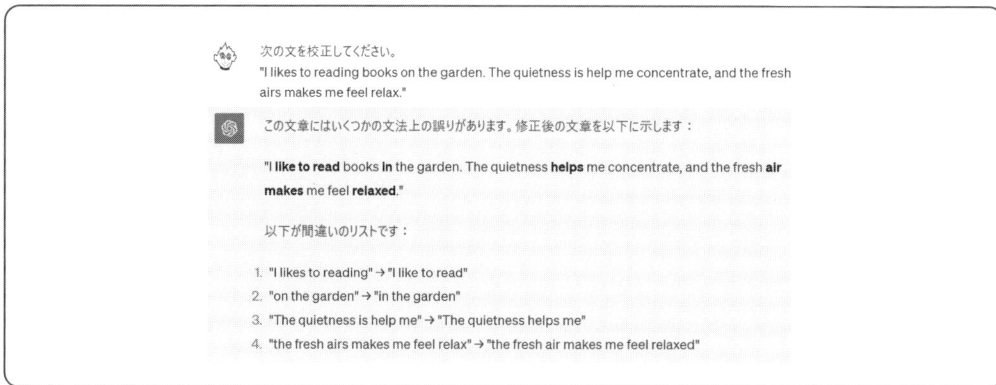

次の文を校正してください。
"I likes to reading books on the garden. The quietness is help me concentrate, and the fresh airs makes me feel relax."

この文章にはいくつかの文法上の誤りがあります。修正後の文章を以下に示します：

"**I like to read** books **in** the garden. The quietness **helps** me concentrate, and the fresh **air makes** me feel **relaxed**."

以下が間違いのリストです：

1. "I likes to reading" → "I like to read"
2. "on the garden" → "in the garden"
3. "The quietness is help me" → "The quietness helps me"
4. "the fresh airs makes me feel relax" → "the fresh air makes me feel relaxed"

〔有料版〕

修正する理由がわからない時は，「間違いを，日本語で解説してください」と伝えると回答します。

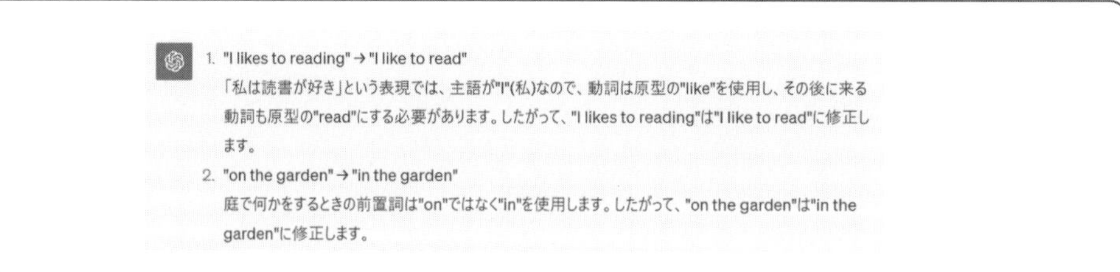

1. "I likes to reading" → "I like to read"
「私は読書が好き」という表現では、主語が"I"(私)なので、動詞は原型の"like"を使用し、その後に来る動詞も原型の"read"にする必要があります。したがって、"I likes to reading"は"I like to read"に修正します。
2. "on the garden" → "in the garden"
庭で何かをするときの前置詞は"on"ではなく"in"を使用します。したがって、"on the garden"は"in the garden"に修正します。

〔有料版〕

「プルーフリーディングをお願いします」も使えます

「プルーフリーディング」（proof reading）は，文章のスペル，句読点，文法などを正しく修正することです。「プルーフリーディングをお願いします」と頼むと，日本語でも英語でも説明付きで修正してくれます。「正しく書き直してください」「おかしなところを直してください」などと言っても修正してくれます。

英文の主語を書き直します

主語をHeに書き直してください。修正箇所を日本語で説明してください。
"I like reading books in the garden. The quietness helps me concentrate, and the fresh air makes me feel relaxed."

文章を"He"を主語にして書き換えると以下のようになります。

"He likes reading books in the garden. The quietness helps him concentrate, and the fresh air makes him feel relaxed."

1. "I"を"He"に変更しました。
2. "me"を"him"に変更しました。これは"he"が主語であるため、代名詞を一致させる必要があるためです。

作成した英文の主語も変えてくれます。

主旨を変えずに文を拡張したり逆に短くしたり，箇条書きに書き直したりすることもできます。

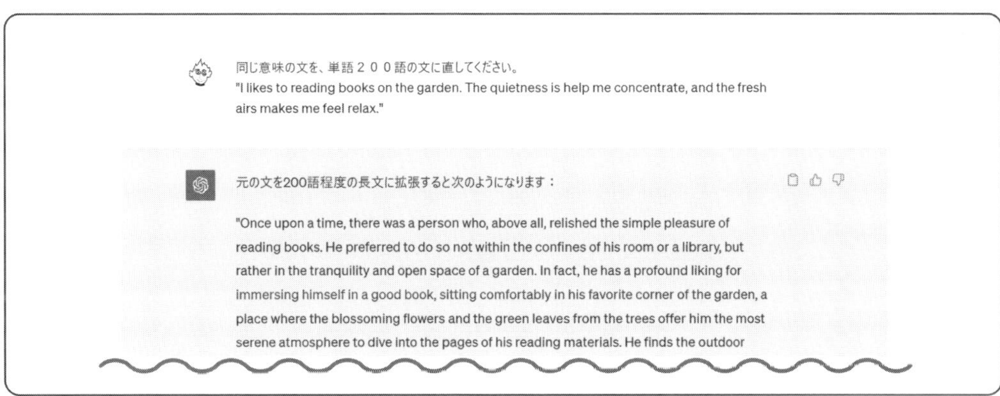

〔有料版〕

学び方を提案します

ChatGPT に期待できること

何かを学びたいときに，学ぶ方法や学ぶ手順を提案します。

学ぶ方法や手順を調べる方法はなかなかないので，貴重な情報になります。学ぶ意欲の向上にもつながります。

指導にあたって配慮すべきこと

学び方は多様で正解はないこと，迷ったり困ったりしたときは，学び方を見直すことが大切だと言うことを生徒に伝えます。

自由研究の計画について相談します

自由研究で地元の方言について調べたいと思います。プロットをご紹介ください。
中学２年生です。
調査からまとめまで、全部で７時間の計画です。

素晴らしいテーマを選ばれましたね！中学2年生のための地元の方言についての自由研究の計画を以下に提示します。一緒に7時間をどのように適用するか考えてみましょう。

1. **プロジェクト計画 (30分)**：自由研究の目的、方法、計画を紙に書き出す。このプロジェクトの目標を明確にし、どのように調査するのか、何をまとめるのかを明確に定義する。
2. **方言の背景調査 (1時間)**：地元の方言の歴史や、その発展について調査する。これにはインターネットや図書館の利用、地元の歴史に詳しい人々へのインタビューなどが含まれます。
3. **方言の特徴調査 (2時間)**：特定の語彙やフレーズ、発音の違いをピックアップし、それらがいつどのような状況で使われるかをリストアップする。家族や地元の人々から情報を集める。
4. **方言の現状と未来についての調査 (1時間 30分)**：地元の若者や新しく地域に来た人々が方言をどの程度理解・使用しているかを探る。友人や学校の先生、地元の人々へのインタビューで情報を収集する。
5. **調査結果の分析とまとめ (1時間)**：収集した情報を整理し、方言の特徴、現状、未来についての見解をまとめる。また、自分がこの研究を通じて何を学んだかをまとめる。
6. **プレゼンテーションの作成 (1時間)**：調査結果を基にプレゼンテーションを作る。PowerPointやGoogleスライドなどを使用してビジュアルを含めると、調査の結果がより鮮明に伝わります。

各ステップの所要時間はあくまで目安ですので、具体的な状況によって適宜調整してください。頑張ってください！

プロットを紹介します

プロットは，小説や戯曲などの筋立てや構成のことです。論文や本などの構成案のこともプロットと言うことがあります。プロットを求めると，計画案が提案されます。「計画を立ててください」「１時間単位ですることを教えてください」でも同様の計画が提案されます。

 年号を覚える方法を相談します

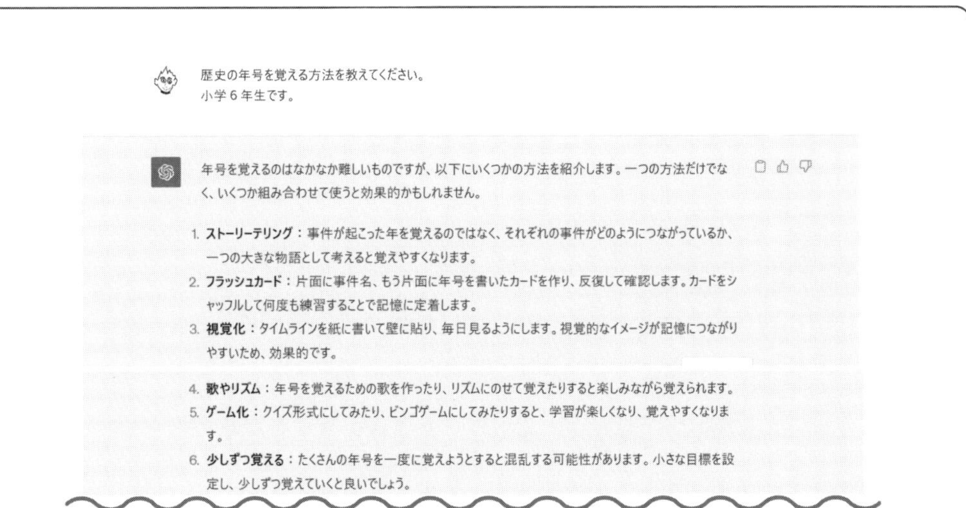

学習で困っていることを聞くと，ていねいに回答します

「漢字を覚えられなくて困っています」と聞くと漢字の覚え方を回答します。

「コツを教えてください」，「奥の手を教えてください」という聞き方もあります。

実現が難しい回答の場合は，「もう少し簡単な方法を教えてください」，「具体的な方法を教えてください」「初心者向けの方法はありませんか」と続けて聞くと，わかりやすく説明してくれます。

名言は学び方の参考になります

「歌が上手になるために役立つ，名言があれば教えてください。誰の言葉かもわかっていたら教えてください。」と聞くと，いくつかの名言を教えてくれます。

「運動についての名言を教えてください」「絵を描くことについて教えてください」など学んでいることについての名言を聞くと，参考になる情報を得ることができます。名言は学ぶ意欲を高めることにもつながります。

第4章

06 作文の修正案を示します

ChatGPT に期待できること

短時間に，効率よく，文章を修正するヒントを提示します。生徒が自分の文章を客観的な視点から見直すときに役立ちます。

指導にあたって配慮すべきこと

ChatGPT の作成した文を確認して，必要に応じて修正します。生徒が ChatGPT を自分で操作し修正に生かせるような指導を計画的に進めます。

生徒が，原文，ChatGPT の校正・推敲案，修正後の文を保存しておくと，自身の文章の癖などがわかり，今後の文章作成に役立てられます。

推敲してもらいました

書いた文を貼り付けて推敲を依頼します。

次の文を推敲してください。

朝から暑くて何もする気にならなかったので、ごろごろしたり、テレビを見て半日すごした。夕方になって少し涼しくなってきたので、近くの公園を３歩していると、たまたま近所に住む同級生に会いました。友人と、近くの丘に登り、太陽が東の地平線に沈むところを見に行きました。

〔有料版〕

推敲後の文です。

朝からの暑さでやる気が起きなかったため、ほとんどの時間をだらだらと過ごし、テレビを観ていました。しかし夕方になって気温が少し下がったので、近くの公園で散歩をしていると、偶然、近所に住む同級生に出会いました。その友人と一緒に近くの丘へ登り、太陽が東の地平線に沈む瞬間を楽しんできました。

〔有料版〕

修正箇所と理由を聞きます。

もちろん、以下に推敲した各部分の理由を説明します。

1. 「朝から暑くて何もする気にならなかったので」→「朝からの暑さでやる気が起きなかったため」
   - 「何もする気にならなかった」は口語的な表現なので、「やる気が起きなかった」という表現に変更しました。これによって少し正式な印象になります。
2. 「ごろごろしたり、テレビを見て半日すごした」→「ほとんどの時間をだらだらと過ごし、テレビを観ていました」
   - 「ごろごろしたり」も口語的なので、それを「だらだらと過ごし」と表現しました。また、「半日すごした」を「ほとんどの時間を」と改めて、その日の活動に焦点を当てました。
3. 「３歩していると」→「散歩をしていると」
   - 「３歩していると」は誤字または打ち間違いと思われるので、「散歩をしていると」と修正しました。

〔有料版〕

「太陽が東の地平線に沈むところを見に行きました。」については，複数回試したなかで，「西の地平線」に修正するときと修正しないときがありました。

「ほかに気になるところはないですか」と聞いてみるのもおすすめです

例文の修正案に対して「ほかに気になるところはないですか」と聞いてみました。

念のための確認をする一言は大切なのかもしれません。

ご指摘ありがとうございます。文章全体を見直すと、一点気になる部分がありました。

- 「太陽が東の地平線に沈む瞬間を楽しんできました」: 通常、太陽は西の地平線に沈むのが一般的です。これが特別な状況でなければ、東ではなく西の地平線に修正するべきかと考えます。

推敲案の説明が大切です

推敲後の文だけが回答されることがあります。最初のプロンプトを「次の文を推敲してください。修正箇所と理由も教えてください」とするか，推敲後の文を読んだ後に続けて，「修正箇所と理由を教えてください」と頼むと，推敲した理由が詳しく示されます。

校正と推敲は本来は違います

推敲は，文章全体を改善しようとする作業で著者が行います。校正は文章の文法的な誤りやスペルミスなど表面的な誤りを修正する作業で，誰が行うかは問いません。

厳密には「推敲してください」の方が，幅広い修正案を求めることになりますが，試してみたところ，結果にそれほど大きな差はないようです。

「よりよい文に書き直してください。」でもほぼ同じ返答が得られます。

小学生が読めるように書き直します

「小学生が読めるように書き直してください」と頼むと，言葉や表現が平易になるだけでなく，より具体的な表現にするなどの修正が行われます。

朝からすごく暑くて、何もする気がしなかったんだ。だから、ずっとベッドでゴロゴロしてたり、テレビを見て過ごしてたよ。でも夕方になって少し涼しくなったから、近くの公園に行ってみたんだ。公園でちょっと歩いてたら、なんと同じ学年の友達が住んでる子にばったり会ったんだ。それで、友達と一緒に近くの小山に登って、太陽が東の地平線にどんどん沈むところを見に行ったんだよ。すごくきれいだったよ！

第4章

07

学習のまとめの修正案を示します

ChatGPTに期待できること

同じ課題を考えてくれるので，自分のまとめた課題と比較して，修正したり加筆したりする参考資料として活用できます。

指導にあたって配慮すべきこと

ChatGPTの作成した文は自分の著作物ではありません。内容を十分理解していないので，自分の学力を高めることにもつながりません。そのまま発表に使うと事後の質問に十分答えることができません。いろいろな機会をとらえてChatGPTはあくまでもサポート役であることを指導します。

自分で書いた後で，同じ課題でまとめてもらい比較します

江戸幕府の鎖国について400字程度でまとめてください

江戸幕府の鎖国政策とは、17世紀中頃から19世紀半ばまでの約250年間、日本が外国との交流を極端に制限した時期を指します。鎖国は正確には「海禁」と呼ばれ、外国船の入港や日本人の国外渡航を制限することを主要な内容としていました。

鎖国の背景には、キリスト教の布教活動やスペインとポルトガルの植民地拡大政策など、欧州列強のアジア進出があった。特にキリスト教が日本の秩序を乱す要因とみなされ、1614年にキリスト教が禁教とされました。

1635年の鎖国令を皮切りに、1639年にポルトガル人の日本来航が禁止されるなど、外国との接触が徐々に制限されていきました。ただし、全ての国との交流が断たれたわけではありません。特定の国との交易が許されており、特にオランダとの出島を中心とした交易や清との対馬、琉球を経由した交易などが存在していました。

まず，自分で課題の「江戸幕府の鎖国について」整理して400字程度にまとめます。教科書や，資料集，必要な場合はweb検索するなどして信頼できる情報をもとに書きます。

次に，ChatGPTに同じ条件で文章作成を依頼します。その回答を読んで，自分の書いた文と比較します。

ChatGPTの回答の後，続けて「重要なポイントを箇条書きでまとめてください」と依頼すると「17世紀中頃から19世紀半ば：日本の鎖国時代。鎖国の主要内容：外国船の入港制限，日本人の国外渡航禁止。……」とリストを作成してくれるので，自分の文と照らし合わせて，大切なポイントを書き漏らしていないかチェックするのも１つの方法です。

不足分を書き加えると同時にあまり重要でない部分を削除して，文字数を調整しま

す。

文章をコピーして貼り付け，「何文字ですか」と聞くと句読点を含んだ文字数を回答します。

自分の文を直接 ChatGPT に見てもらうこともできます

自分の書いた文をコピーして ChatGPT に貼り付けて，推敲してもらいます。

年号や国名を意図的に間違えた鎖国についての説明文を貼り付けてみました。

その結果「江戸時代の鎖国に関する内容には誤りや不正確な情報が含まれています。以下，訂正と補足を行います。」として，６つの項目について，説明付きで誤りを指摘した後に，修正された文が提示されました。

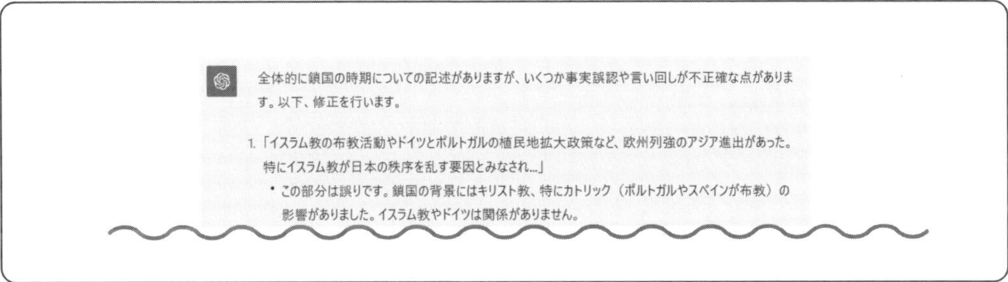

鎖国の開始時期１カ所以外は，間違いを訂正してくれました。

鎖国の開始時期については，対話の続きで「日本の鎖国は 16 世紀中頃からでしたか」と聞くと「申し訳ございません，その点についての情報が誤っていました。」と間違いを確認し 17 世紀初頭からに修正しました。

タイトルをわかりやすくします，不要なデータは削除します

ChatGPT の対話はチャットごとに自動保存されます。前の対話を読みたいと思ったときに探す手かがりはタイトルしかありません。

自動的に特徴的な文がタイトルにつけられていますが，わかりづらいと思ったら，タイトルを探しやすい名前に変えます。また，保存する必要のないチャットは削除するようにします。

第4章

08 練習問題やクイズを作成します

ChatGPT に期待できること

多様な情報から自分の学習に必要な練習問題やクイズを作成できます。

短時間に，効率よく，練習問題やクイズを作成できるので，復習や応用力を身につけるための問題を作成できます。

指導にあたって配慮すべきこと

誤答は解説をしっかり読んで，ノートにメモしたり，早めに類似問題に挑戦したりすることが学力向上に結びつくことを指導します。

練習問題を作成します

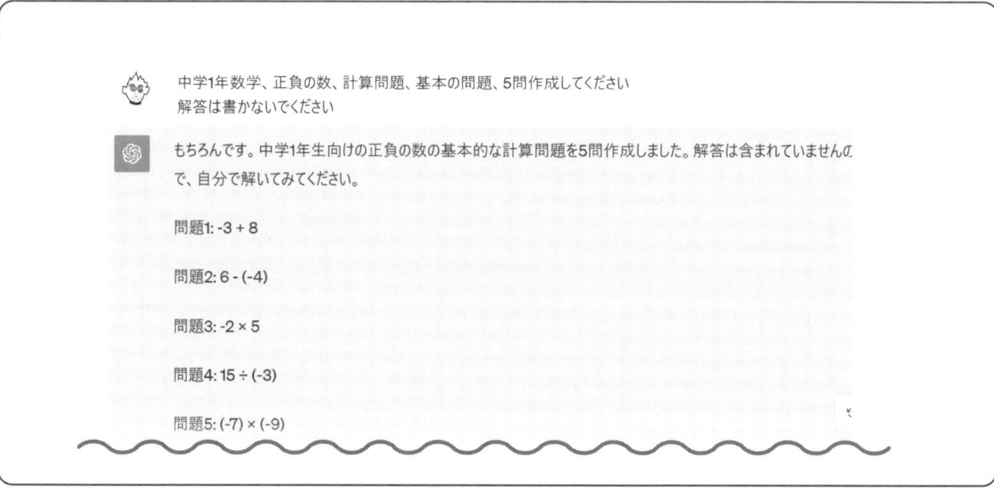

問題をノートに写して解答します。次に「正解をお願いします」と頼むと正解が回答されるので答え合わせをします。確認したいことやわからないことがあれば質問します。

例「正負の数の計算について説明をお願いします」

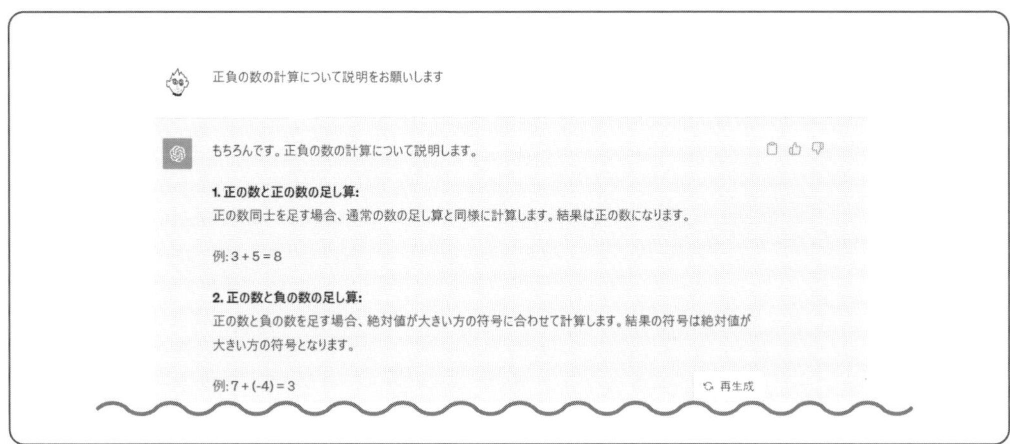

次に練習問題を頼みます。

例「中学１年数学，正負の数，少し難しい問題，５問作成してください。解答は書かないでください」「少し難しい問題」のところを，「文章題」「基本の知識を確認する問題」と必要に応じて変えます。

解答を書き込んで評価してもらうこともできます

問題に対する答えを書き込んで ChatGPT に正解か間違っているかを評価してもらうこともできます。

「正負の数の問題を１問お願いします」と頼むと１問出題されるので，解答を書き込むと採点します。間違っているのに「正解です！ -5+8=3 となりますので，正確な答えは３です。」となぜか「正解です！」から始まることがあります。

ChatGPT は計算しているわけではなく，解答をビッグデータから推測しているだけなので，誤った解答をすることもあります。

○×クイズで基本的な知識を確認できます

問題が一問出されるので，○か×かを書き込みます。

正解か不正解かが最初に書かれ続いて数行の解説が提示されます。「続けて」と書くと次の問題が提示されます。解説を読んで聞きたいことがあれば，続けて聞きたいことを書き込むと説明します。

第4章

09 プレゼンテーションをサポートします

ChatGPT に期待できること

効果的なプレゼンテーションになるためのサポートをしてくれます。

指導にあたって配慮すべきこと

発表資料を貼り付けて相談すると，より効果的なサポートが期待できます。

悩んだら一から気楽にサポートを頼めます

プレゼンテーションの内容についてサポートをお願いします

もちろんです！プレゼンテーションの内容について教えていただければ、具体的なサポートやアドバイスを提供させていただきます。以下の情報を教えていただけると、より具体的なアドバイスができるかと思います：

1. プレゼンテーションのテーマは何ですか？
2. プレゼンテーションの目的やターゲットオーディエンスは誰ですか？
3. どのような情報やコンテンツを含めたいと考えていますか？
4. 既に用意されている資料やデータはありますか？
5. プレゼンテーションの構成や流れについてのアイデアはありますか？

上記の情報を教えていただければ、具体的なアドバイスやサポートを提供できるかと思います。お手伝いできることがありましたら、遠慮なくどんなことでも聞いてください！

〔有料版〕

プレゼンテーションのサポートをします

プロンプトに詳しく書けば書くだけ詳細なサポートが提示されます。ある程度，まとめた文章があるなら，テキストで入力すると，書いた文章に応じたサポートが期待できます。

今から取り組むという時に聞くと，とりあえず何をやればいいかがわかります。ChatGPT に聞かれたことに答えることで自分の考えを整理できます。現時点で書けることだけ書いて相談しても構いません。決めていないことは，「ありません」「考えていません」と書けばいいのです。生徒の提示した範囲内でサポートをしてくれます。

1　鹿児島の方言について
2　学級で報告します、中学2年生40人です
3　具体例を入れて鹿児島方言について紹介したいと思います
4　ありません
5　楽しみながら聞いて欲しいです
よろしくお願いします

さきほどの ChatGPT の質問に返答しました。

これに対して，ChatGPT は「1. イントロダクション　2. 鹿児島の方言の特徴　3. 方言の例示　4. 方言の背後にある文化と歴史　5. 方言の今後の展望　6. クロージング」と構成案を示しました。

それぞれの項目についても何をまとめたらいいのかヒントも回答してくれます。「3. 方言の例示」については，「日常生活で使われる具体的な方言の例を挙げます。例えば，『ありがとう』が『アイガトサゲモシタ』など。方言の例を言葉だけでなく，音声やビデオで聞かせることで，リアルな響きを伝えます。」と具体的な提案もしてくれます。

箇条書きにします

レポートを書き終えた場合，「箇条書きにしてください」と頼むと，要点が整理されて，プレゼンテーションで扱う内容が明確になります。

一度に処理できる文字数には限りがある（現在は 3000 字程度）ので，長文のレポートは分割して処理する必要があります。

要約します

「要約してください」と頼むと，文の要点が整理されます。資料を使いながら説明するときに話す内容や言葉を決めるときの参考になります。

プレゼンテーションの基本も学べます

中学2年生の同級生にまとめたことを発表するとき、気をつけることは何でしょうか。

この質問に対して，10 のポイントを解答しました。発表することに不安がある生徒にはとても参考になる内容です。

教師が事前に印刷して教材として配布することもできますが，子どもが自分で調べて学ぶように指導していきたいですね。

1. 言葉遣いと分かりやすさ

同級生たちが理解しやすいように、難しい言葉や専門用語は避けるようにしましょう。シンプルで明確な言葉遣いを心がけ、誰もが内容を理解できるように説明することが大切です。

2. 視覚的な要素の活用

図や写真、グラフなどの視覚的な要素を使って情報を補完することで、同級生たちの注意を引きやすくなります。ただし、適切な量を使い、内容をサポートする役割を果たすようにしましょう。

10 ものづくりをサポートします

ChatGPT に期待できること

工作，調理など，ものづくりの手順や注意点をわかりやすく説明します。

指導にあたって配慮すべきこと

必要な場合は書籍や Web 検索を併用することを指導します。

素早い情報提供と対話式が魅力です

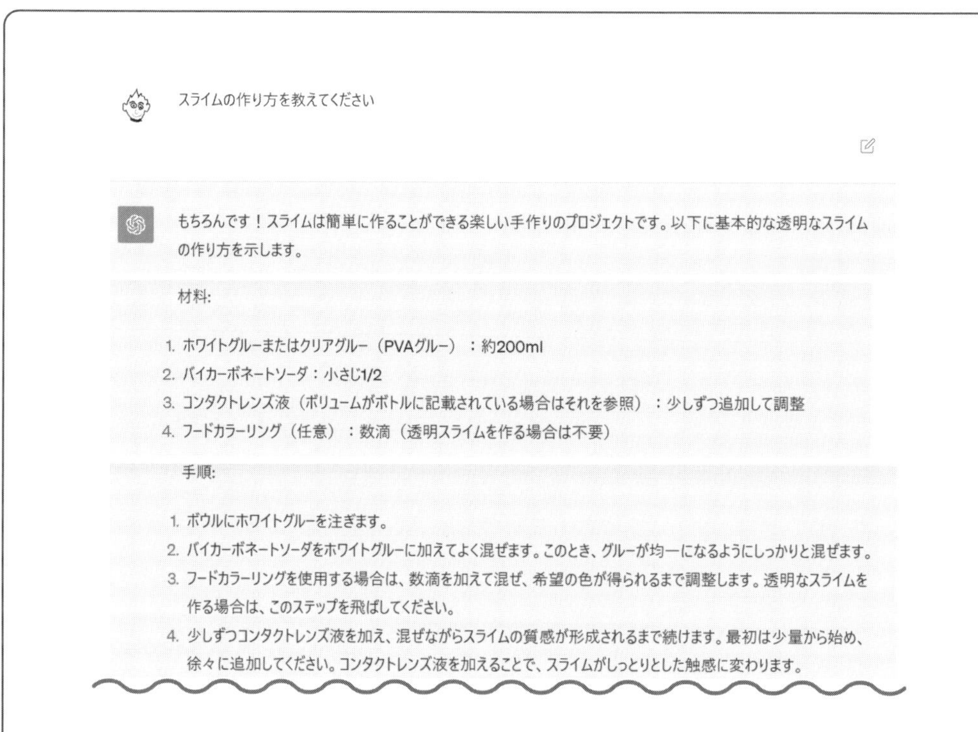

スライムの作り方を教えてください
もちろんです！スライムは簡単に作ることができる楽しい手作りのプロジェクトです。以下に基本的な透明なスライムの作り方を示します。
材料:
1. ホワイトグルーまたはクリアグルー（PVAグルー）：約200ml
2. バイカーボネートソーダ：小さじ1/2
3. コンタクトレンズ液（ボリュームがボトルに記載されている場合はそれを参照）：少しずつ追加して調整
4. フードカラーリング（任意）：数滴（透明スライムを作る場合は不要）
手順:
1. ボウルにホワイトグルーを注ぎます。
2. バイカーボネートソーダをホワイトグルーに加えてよく混ぜます。このとき、グルーが均一になるようにしっかりと混ぜます。
3. フードカラーリングを使用する場合は、数滴を加えて混ぜ、希望の色が得られるまで調整します。透明なスライムを作る場合は、このステップを飛ばしてください。
4. 少しずつコンタクトレンズ液を加え、混ぜながらスライムの質感が形成されるまで続けます。最初は少量から始め、徐々に追加してください。コンタクトレンズ液を加えることで、スライムがしっとりとした触感に変わります。

最初は，絵や写真，時には動画も見られる Web 検索があるから ChatGPT に相談する必要はないと思いましたが，試しに相談してみました。その結果，ものづくりでも ChatGPT は利用する価値があると思うようになりました。

Web 検索は，最初に多数提示される情報のなかから選ぶ必要がありますが，ChatGPT だとプロンプトに応じて即座に回答が提示されます。スライムづくりについても，Web 検索だと無数の情報源から選択する必要があります。直感的に選んでクリックしたら，概要を知りたいだけなのに動画サイトが開いたり，広告が多くていらいらしたりすることがあります。

ChatGPT は，余計な情報はあまり提示されませんし，広告もありません。それだけではありません。Web 検索では，その場で質問したり確認したりできませんが，ChatGPT は対話式なので追加での質問も気楽にできます。

よくわからない言葉は，ChatGPT に続けて質問します。

「バイカーボネートソーダとは何ですか」と聞くと，ベーキングソーダや重曹のことで，果たす役割，使う上での注意点まで整理して回答します。

「フードカラーリングとは」と聞くと，食紅という言葉は使いませんが，食品や飲料などに色をつけるための着色料だと回答します。使い方の注意点も書いてありました。

レシピは得意です

写真があった方がわかりやすいものもありますが，さっとテキストで作り方が提案される ChatGPT も便利です。

「簡単な味噌汁の作り方を教えてください」「簡単な朝食のレシピをいくつか教えてください」と料理のレシピづくりは，条件に合わせて瞬時に提案してくれます。多少の無茶な組み合わせでもレシピを見つけてくれます。

学校菜園の収穫物で何か作る時，家庭科の調理で，レシピを考えるときの情報集めに役立ちます。

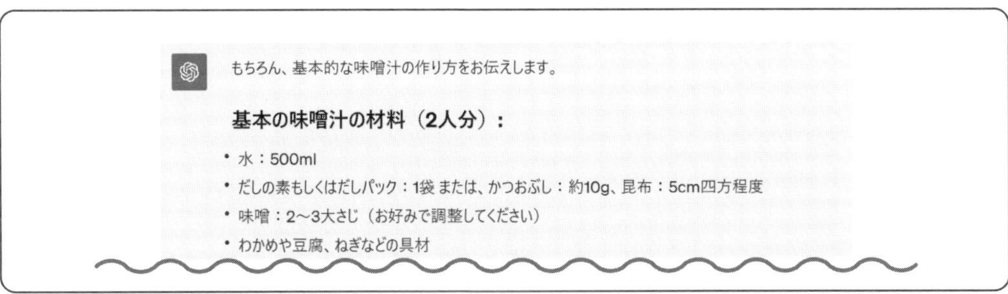

「だしの素を説明してください」と聞くと，魚介類のだしの素と昆布だしの素について説明します。商品名を聞くと，「特定の商品名やブランドについての情報が必要な場合は，インターネットで最新情報を検索するか，直接お店やメーカーにお問い合わせいただくことをお勧めします。」という回答でした。

第4章

11 趣味に関する情報を紹介します

ChatGPT に期待できること

文学，音楽，絵画，スポーツなど趣味に役立つ多様な情報を紹介します。

指導にあたって配慮すべきこと

くり返しになりますが，ChatGPT に依頼して回答で得た創作作品は，生徒のオリジナル作品ではありません。もちろん一般的なコンクールには出品できません。著作権が自分にある作品を作る時，コンクールに出品する場合は，ChatGPT に作品づくりのヒントや，過去作品など参考作品を頼みます。著作権についての指導は必要に応じて繰り返し行います。

創作の参考になる格言や名言を紹介します

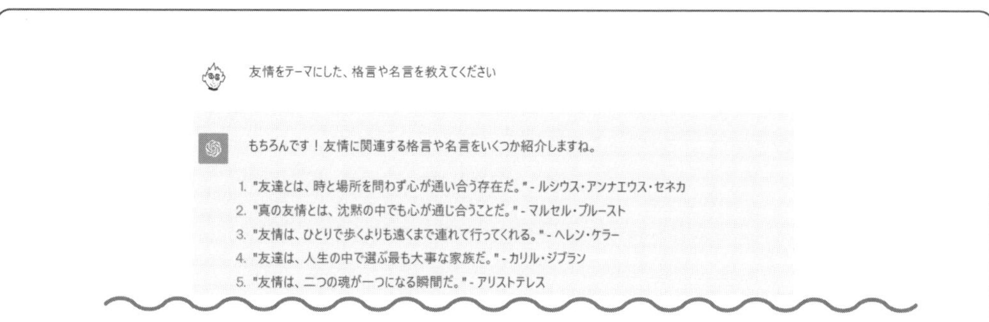

友情をテーマにした、格言や名言を教えてください
もちろんです！友情に関連する格言や名言をいくつか紹介しますね。
1. "友達とは、時と場所を問わず心が通い合う存在だ。" - ルシウス・アンナエウス・セネカ
2. "真の友情とは、沈黙の中でも心が通じ合うことだ。" - マルセル・プルースト
3. "友情は、ひとりで歩くよりも遠くまで連れて行ってくれる。" - ヘレン・ケラー
4. "友達は、人生の中で選ぶ最も大事な家族だ。" - カリル・ジブラン
5. "友情は、二つの魂が一つになる瞬間だ。" - アリストテレス

友情をテーマにした，短歌・俳句・キャッチコピー・エッセーなどを創作するとき，先人の作品はいいヒントになります。

ChatGPT が紹介する作品の中には実在しないものや，作者と作品が無関係なものもあるので，あくまでも参考作品として扱います。

自分の作品への評価を聞くこともできます。「友情とは爆発だ，このコピーをどう思いますか」と聞くと，「『友情とは爆発だ』というコピーは，独自で興味深い視点を提供していると言えます。一般的には友情は温かさ，信頼，共感などの感情と関連付けられますが，このコピーは友情が力強く，感情的な側面を強調しています。」（以下略）とコメントします。

作曲の参考になる曲を紹介します

鳥がテーマになっているクラシック音楽の曲はいくつかあります。以下はいくつかの有名な例です：

1. カミーユ・サン＝サーンスの「動物の謝肉祭」（Le Carnaval des Animaux）：この組曲の中には「鳥（The Aviary）」というセクションが含まれており、鳥の歌声を表現しています。
2. ヴォルフガング・アマデウス・モーツァルトの「鳥を狩る人」（The Birdcatcher's Aria）：オペラ「魔笛」（The Magic Flute）の中でパパゲーノが歌う有名なアリアで、鳥の捕獲を歌っています。
3. カミーユ・サン＝サーンスの「白鳥」（The Swan）：「動物の謝肉祭」からの一部で、チェロとピアノのための美しい曲で、白鳥の優雅さを表現しています。

音楽の創作で何かテーマが決まっているときに参考にする作品を調べることも簡単です。「鳥がモチーフになっている童謡がありますか？」と聞くと，「すずめの学校」などが紹介されます。YouTube で検索するとたいていの曲を聴くことができます。

興味のあるスポーツ競技について紹介します

特定のスポーツ競技について，いろいろな視点から聞くと詳しく紹介します。

「クリケットのルールについて教えてください」と聞くと，クリケットの「チーム構成，フィールド，バッティング」などについて紹介します。

クリケットのルールについて教えてください

クリケットは、バットとボールを使ってプレイされるチームスポーツで、特にイギリス、オーストラリア、インド、パキスタンなどで人気があります。以下はクリケットの基本的なルールの概要です。

1. チーム構成:
   - クリケットは2つのチームでプレイされます。バッティングチームとボウリング・フィールディングチームです。
2. ピッチ:
   - クリケットは長方形のピッチと呼ばれるフィールドで行われます。ピッチは22ヤード（約20メートル）の長さがあり、真ん中にバウンディング・エリアと呼ばれる領域があります。

「サッカーの魅力について教えてください」と聞くと，「シンプルなルール，スキルとテクニック」「健康とフィットネス」など８項目について紹介します。

その他，「卓球の歴史について教えてください」「剣道の用具について教えてください」などプロンプトに応じて回答します。

12 表現力を広げます

ChatGPT に期待できること

短時間に，効率よく，生徒の求める言葉や表現を回答できるので，国語や道徳などで活用できます。

印刷物の辞典では検索が難しい，曖昧な言葉からの検索や，複数の条件に合致する言葉や表現も容易にできます。

指導にあたって配慮すべきこと

国語辞典，漢和辞典，和英辞典，英和辞典，ことわざ辞典，類語辞典などを身近において，併用する習慣を育てることが大切です。

多様な表現方法を紹介します

「おいしい」という意味を表す日本語をいろいろ教えてください。説明もつけてください。

「おいしい」という味や食べ物の美味しさを表現するために文学的な表現を使うことは、豊かな表現力を持つ作家や詩人にとって一般的です。以下にいくつかの文学的な言葉やフレーズを示します。

1. 「舌鼓を打つ」 - 食べ物が非常に美味しいと感じると、舌が喜びを感じて鼓動するように感じられることから派生した表現です。
2. 「味覚の楽園」 - 食事が非常に美味しい場合、それはまるで味覚の楽園に迎えられたかのような感覚を表現します。
3. 「口の中で踊る」 - 食べ物の風味や味わいが非常に魅力的で、口の中で踊るように感じる場合に使われます。

自分の気持ちを表現するときに最適の日本語を見つけるのは難しいことですが，ChatGPT に頼むとリストを作ります。１回目に９個，続けてでまた９個とさまざまな表現を説明付きで教えてくれます。角川書店の角川類語新辞典なども併用するとより満足できる言葉を見つけられます。

聞き方次第で回答は大きく変わります

「おいしい」を表す文学的表現について教えてくださいと聞いた時は，こんな回答でした。

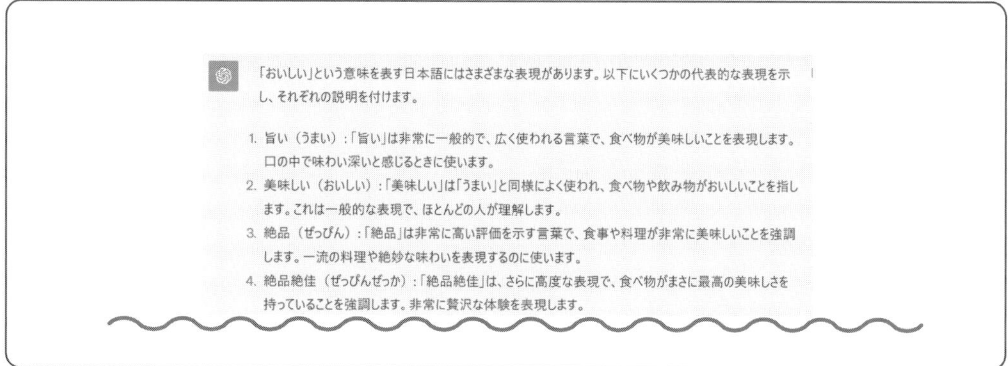

手紙の書き出しも例示します

「梅雨明けの手紙の書きだしを教えてください。中学三年です」と頼むと例示します。

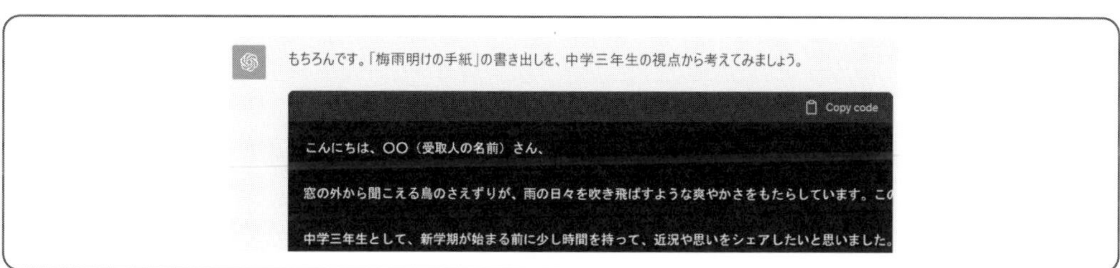

右上の「Copy code」をクリックすると，ワードや一太郎などのワープロソフトに貼り付けられます。

「もう少しくだけた文にできますか」と頼むと，「やっほー，〇〇（友だちの名前）！　最近どうしてる？　こっちの天気はすっかり晴れて，夏らしい陽気になってきたよ。ちょうど梅雨明けしたみたいで，雨の日々が嘘みたいだよね。」と文章が大きく変わります。

「英文にしてください」という依頼も可能なので，外国語でのメールのやりとりも簡単にできます。

13 疑問の自力解決をサポートします

ChatGPT に期待できること

ちょっとした疑問にもていねいに回答します。

指導にあたって配慮すべきこと

少しでも疑問に思ったら信頼できる情報源で確認することを指導します。

計算の答え合わせをします

一次関数　y=−2x+7について、次の問いに答えなさい。（1）変化の割合を求めなさい。（2）xの値が−１から4まで増加するときのyの増加量を求めなさい。

一次関数 $y=-2x+7$ に関する質問に答えます。

（1）変化の割合を求めなさい。

変化の割合は、一次関数の係数、すなわち傾きとなります。この関数の場合、xの係数は-2です。したがって、変化の割合（傾き）は -2 となります。

答え: 変化の割合は -2 です。

問題を入力すると，計算過程付きで正解を出すので，答え合わせができます。

日本語の助動詞をわかりやすく教えます

「日本語の助動詞について教えてください。」と用語の意味を聞くとわかりやすく教えます。続けて「助動詞を聞く問題を一問出してください。」と頼むと，「もちろんです，問題を出しますね。次の文の中の助動詞を見つけてください。」「私は今日，おいしいケーキを食べました。明日は食べないで，運動したいと思います。」と問題を出します。

解答と解説も答えます。問題と正解を同時に返しがちなので，「正解は後でお願いします」「正解は別にしてください」のような指示を書くといいようです。

FAQ で基本的な知識を整理します

FAQ はよくある質問と答えのことで，ChatGPT がセットで作成します。多くの人が疑問を持つであろう質問と答えなので，読んでいくと学習内容の基本が整理できます。

中学3年生です。
議院内閣制と国会について、FAQを作成してください。

議院内閣制と国会FAQ

1. **議院内閣制って何？**
   - 議院内閣制とは、国会（特に下院）の信任を基盤として、内閣が組織され運営される制度のことを指します。つまり、内閣は国会の信任を受けていなければ、存続することができません。
2. **国会って何？**
   - 日本の立法機関のことを指します。国会は衆議院と参議院の二つの院から成り立っています。
3. **衆議院と参議院の違いは？**
   - 主な違いは、選挙の方法、任期、そして権限です。衆議院は解散されることが可能で、その場合には選挙が行われます。参議院は半数が3年ごとに選出されるため、解散の対象とならないのが特徴です。

１回目に10を回答します。「続けて」で，10程度追加されます。一つ一つ読んでいくと，議院内閣制と国会についての基本知識が整理できます。言葉や文章の意味がよくわからないときは，続けて質問します。

FAQを読んだ後に，「〇×クイズにしてください」「3択問題にしてください」「穴埋め問題にしてください」と問題を作成して回答すると，学んだ知識を確認し定着させることになります。

ちょっとしたことでも聞いてみます

理解できないけど，何を聞いていいかもわからないときは，とりあえず「～が難しいです。もう少し簡単に教えてください」「簡単な言葉で説明してください」「例をあげて説明してください」と聞いてみるところから始めるとうまくいきます。

第４章

14 多様な考え方を紹介します

ChatGPT に期待できること

１人ではなかなか思いつかない多様な考え方を紹介します。

指導にあたって配慮すべきこと

学校教育全体を通じて個の思考力や判断力を伸ばす指導を計画的に行うことが大切です。まず自分で考え言葉にまとめてから，ChatGPT を活用するように指導します。

批判的な立場から聞いてみます

SDGsについて中学生が取り組んでも無駄ではありませんか

いいえ、SDGs（持続可能な開発目標）に取り組むことは、中学生にとって無駄ではありません。実際に、SDGsは世界中で個人やコミュニティが取り組むべき非常に重要な課題を示しています。以下は、中学生がSDGsに取り組むことの重要性と具体的な方法についての理由です：

1. 教育と意識の向上：SDGsを学ぶことは、世界の社会、環境、経済の課題についての理解を深め、問題解決能力を高めます。これにより、中学生はより持続可能な未来を構築するための準備ができます。
2. グローバルな市民としての意識醸成：SDGsは国際的な課題を扱っており、中学生にとっては国際市民としての意識を醸成する機会です。彼らがSDGsに取り組むことで、国際的な問題に対する関心と共感が高まります。
3. 社会的責任感の育成：SDGsは貧困、不平等、環境問題など、社会的な課題に焦点を当てています。中学生がSDGsに取り組むことで、社会的責任感を育み、地域社会や世界全体に対する貢献を考えることができます。
4. 実践的な行動の奨励：SDGsは抽象的な目標だけでなく、実際の行動を奨励しています。中学生は、リサイクル、エネルギー節約、地元コミュニティの支援など、具体的な取り組みを通じてSDGsに貢献することができます。
5. 将来の影響力の育成：SDGsに取り組む経験は、中学生が将来のリーダーシップや社会的な影響力を発揮するための基盤を築く手助けになります。持続可能な未来を構築するためには、次世代の力が必要です。

したがって、中学生がSDGsに取り組むことは、個人的な成長、社会への貢献、持続可能な未来の構築に対する貴重な取り組みです。彼らはSDGsを通じて世界の課題を理解し、行動に移すことで、意味ある変化をもたらすことができます。

「無駄なのでは」「間違っているのでは」と，心に浮かんだ心配や不安をストレートに問いかけられるのも ChatGPT の魅力です。あえて「無駄ではありませんか」と聞くことで，気になっていることが解決したり，問題点が整理されたりします。「～という考え方について教えてください」も同じような時に聞く方法です。

ついていい嘘があるという考え方について教えてください

「ついていい嘘」という考え方は、一部の人々によって提案されることがありますが、一般的には倫理的に問題があるとされています。この考え方は、特定の状況で嘘をつくことが、他人や社会に対する善意や利益に貢献すると主張する立場です。以下は、「ついていい嘘」に関する主要な論点と反対論点です。

「ついていい嘘」の主張:

1. 保護のための嘘: 一部の人々は、特に子供や弱者を守るために、時折嘘をつくことは正当化されると主張します。例えば、子供に対して痛みを和らげるために「針は痛くない」と言うことがあるとされます。
2. 社交的な嘘: 社交的な状況や世間話の中で、嘘をつくことは時には他人とのコミュニケーションを円滑にし、人間関係を損なわないために必要なことだと主張されることがあります。

多様な考え方を聞きます

「方言を学習することについて，なるべく多様な考え方を図にして教えてください。」このプロンプトでの回答では，「文化的アイデンティティの強化　言語的多様性の保護　コミュニケーションの円滑化　言語学的洞察力の向上　文化的な理解の促進　標準語への影響　言語的誤解の回避　教育との関連　社会的地位との関連　言語交換の促進」の１０項目を説明付きで紹介しました。

賛成派，反対派，それ以外の考え方を聞きます

「原子力発電所の設置について賛成派，反対派，それ以外の考え方に分けて考え方のポイントを整理してください。」

こう頼むと，１. 賛成派のポイントとして「持続可能なエネルギー供給，CO_2 排出の少なさ，経済性」，２. 反対派のポイントとして「放射性廃棄物の問題，事故のリスク，核兵器の拡散」，３. それ以外の考え方として「リスクベースのアプローチ，経済的側面からの評価，地域・コミュニティの意向を重視」と回答します。〔有料版〕

立場ごとの考え方を聞きます

「保護者の立場で，小学校の学校統廃合についての考え方を整理してください」のように，立場を設定することで考え方を整理できます。このプロンプトの「保護者」を「教師」「行政」「地域住民」のように立場を変えると，視点が異なる意見を整理できます。

第4章

15 進路について情報を提供します

ChatGPTに期待できること

いろいろな職業について，仕事内容や必要な資格の有無，就職までの手順などを調べられます。

指導にあたって配慮すべきこと

キャリア教育・進路指導で情報を得る一つの方法として紹介します。資格などは最新の情報を確認するよう指導します。

翻訳家になるにはどうしたらいいか調べます

日本で翻訳家になるにはどうしたらいいですか

日本で翻訳家になるためには、以下のステップを考えることが重要です。

1. 言語スキルの習得:
   翻訳家になるためには、少なくとも2つの言語を流暢に理解し、書く能力が必要です。母国語と翻訳したい言語の双方で高いレベルの読解力、文法知識、語彙力を習得しましょう。言語スキルは翻訳の基盤です。
2. 外国語の勉強:
   翻訳家になりたい場合、外国語を学ぶことが不可欠です。外国語を学ぶ方法はいくつかあります。大学や言語学校で学ぶ、オンラインの学習プラットフォームを利用する、言語留学など、自分に合った方法で外国語を習得しましょう。
3. 翻訳スキルの習得:
   翻訳は単なる言語スキルだけでなく、専門的なスキルも必要です。文学翻訳、ビジネス翻訳、医療翻訳など、専門領域に特化することができます。翻訳のトレーニングコースやワークショップに参加し、翻訳スキルを向上させましょう。
4. 経験を積む:
   翻訳家としての経験を積むことが非常に重要です。翻訳プロジェクトに参加し、実際の翻訳業務を通じてスキルを磨きましょう。最初はフリーランスとして仕事を探すことが多いですが、経験を積むことで信頼性が高まります。

翻訳家のように定まった道がない職業についても，一般的なキャリアの道筋を紹介します。

教員と言っても小学校，中学校などいろいろな種類があるように，翻訳家にも文学の翻訳か，字幕や吹き替えのための翻訳家，通訳などいろいろな専門性があります。「翻訳家にも種類がありますか」と職業について詳しく知ることも大切です。

はい、翻訳家にもさまざまな種類が存在します。以下はいくつかの一般的な翻訳家の種類です：

1. 文字通訳者: 文字通訳者は、書かれたテキストや文書をある言語から別の言語に翻訳する専門家です。例えば、文学作品、法的文書、技術文書、ビジネス資料などの翻訳を行います。
2. 口頭通訳者: 口頭通訳者は、言葉を話すコミュニケーションにおいて、一つの言語から別の言語への即座の翻訳を行います。国際会議やビジネスミーティング、法廷での通訳などが含まれます。
3. 専門家翻訳者: 専門家翻訳者は、特定の分野や専門知識を持つ翻訳家です。例えば、医療、法律、科学、技術などの分野に特化した翻訳を行います。これらの分野では専門的な用語や知識が必要です。

漠然とした職業イメージを具体化します

「ピアノに関係のある仕事を紹介してください。プロの演奏家を除きます。」

この質問に対して１０の職業を回答しました。

１０のなかから，気になる職業を見つけて，「音楽療法士の仕事内容，なるための手立てを教えてください。」と聞くと詳しく回答します。

職業に関係のある本を探します

「設計士の仕事のことがわかる本があれば教えてください。」

このプロンプトだと設計技術やデザインの本が紹介されました。そこで，「設計士の職業や生活のことがわかる本がありますか。」と聞くと，『設計士の日常』（著：アンドリュー・マーティン），『建築家になるには』（著：ルイーズ・ノールズ）など求めている本を回答します。

将来を考えて今何をすればいいかを考えます

「美術大学に進学したいのですが，中学時代にできることはありますか。」と聞くと，美術クラブや美術教室に参加する，美術コンテストや展覧会への参加，芸術に関連する本や映像を学ぶ，美術大学の情報収集，美術作品のポートフォリオ作成という項目それぞれにわかりやすい説明をします。

具体的な進学先について調べます

多くの情報が提示されると予想されるときは，東京でとか九州でと区切って調べると数が絞られます。「陶芸を学べる大学が四国にありますか。」と聞くと複数の陶芸が学べる大学を紹介してくれました。

●著者紹介

蔵満逸司

1961 年鹿児島県生まれ。国立大学法人琉球大学教職大学院准教授（2016 ～ 2023）。鹿児島県小学校教諭 (1986 ～ 2015)

■著書

『奄美まるごと小百科』『奄美食 (うまいもの) 紀行』『奄美もの知りクイズ 350 問』『鹿児島もの知りクイズ 350 問』『沖縄もの知りクイズ 394 問』『鹿児島の歩き方鹿児島市篇』(以上 , 南方新社),『授業のツボがよくわかる算数の授業技術高学年』(以上 , 学事出版),『小学校 1・2・3 年の楽しい学級通信のアイデア 48』『小学校 4・5・6 年の楽しい学級通信のアイデア 48』『見やすくきれいな小学生の教科別ノート指導』『特別支援教育を意識した小学校の授業づくり・板書・ノート指導』『教師のための iPhone & iPad 超かんたん活用術』『ワークシート付きかしこい子に育てる新聞を使った授業プラン 30+ 学習ゲーム 7』『小学校プログラミング教育の考え方・進め方』『小学校 授業が盛り上がるほぼ毎日学習クイズ BEST365』『インクルーシブな視点を生かした学級づくり・授業づくり』(以上 , 黎明書房),『おいしい ! 授業 -70 のアイデア & スパイス +1 小学校 1・2 年』(フォーラム A),『ミナミさんちのクイズスペシャル』1,2,3(以上 , 南日本新聞社 * 非売品)

■ DVD

『演劇・パフォーマンス系導入パターン』『実践 ! ミニネタアイディア集 (算数編)2 巻』(以上 , ジャパンライム社)

■共著

『42 の出題パターンで楽しむ痛快社会科クイズ 608』『クイズの出し方大辞典付き笑って楽しむ体育クイズ 417』(以上 , 黎明書房)

■編著書

上條晴夫監修『小学校算数の学習ゲーム集』『算数の授業ミニネタ & コツ 101』(以上 , 学事出版)

■算数教科書編集委員

教師のための ChatGPT 超かんたん活用術

2023 年 12 月 1 日　初版発行

著　者	蔵　満　逸　司
発行者	武　馬　久　仁　裕
印　刷	藤原印刷株式会社
製　本	協栄製本工業株式会社

発　行　所　　株式会社 黎　明　書　房

〒 460-0002　名古屋市中区丸の内 3-6-27　EBS ビル
☎ 052-962-3045　FAX 052-951-9065　振替・00880-1-59001
〒 101-0047　東京連絡所・千代田区内神田 1-12-12 美土代ビル 6 階
☎ 03-3268-3470

落丁本・乱丁本はお取替えします。
ISBN978-4-654-02396-7